비트주세요!
2017 고등래퍼의 아이들

나지언, 강예솔 지음
김연제 사진

propaganda

서문

이 책은 음악전문채널 Mnet이 2017년 방영한 힙합 서바이벌 프로그램 ‹고등래퍼›(2017년 2월 10일~2017년 3월 31일)에 출연했던 10대 힙합 뮤지션 26명을 인터뷰한 결과물이다.

시작은 ‘궁금증’ 때문이었다. 잡지 에디터 생활을 하면서 동시대 문화의 흐름이 어디로 가는지, 그 문화가 어느 지점에서 폭발하는지 늘 궁금했다. 서브컬처는 거대 트렌드를 움직이는 지렛대고, 지금의 힙합은 그중 가장 뜨거운 키워드다. ‹고등래퍼›라는 프로그램을 보면서 수많은 질문들이 떠올랐다. ‘왜 지금의 10대들은 힙합에 열광하는 걸까?’ ‘그들은 무슨 이야기가 하고 싶어서 나왔을까?’ ‘그들은 어떻게 힙합을 접하고 가사를 쓰기 시작했을까?’ ‘힙합이라는 장르가 10대에게 소구하는 측면은 뭘까?’ 등등.

이들의 랩은 프로 래퍼들이 서바이벌 프로그램에서 하는 것과는 달랐다. 물론 그들도 종종 당찬 스웩을 내세웠지만 상대적으로 가진 게 없는 고등학생이라 그런지 뉘앙스가 다르게 들렸다. 그들의 관심은 온통 친구, 가족, 미래, 꿈에 있었다. 솔직해서 더 매력적이었고 미완성이라 더 절실해 보였다. 방송 덕분에 감지한 10대들의 힙합 문화, 서브컬처를 기록하고 싶었다. 방송에서 이야기되지 않은 부분들을 들여다보고 싶었다. 어떤 이유로 힙합을 시작하게 됐는지, 왜 반드시 힙합이어야 하는지, 랩은 어떻게 쓰기 시작했는지, 자퇴는 왜 했는지, 학교폭력에는 왜 휘말렸는지, 앞으로 뭘 하고 싶은 건지….

인터뷰를 모두 마친 지금, 그들과의 인터뷰는 지금껏 해온 어떤 인터뷰보다 인상적이었다고 말할 수 있다. 비슷한 꿈, 비슷한 행보를 보이는 인물들을 같은 주제로 인터뷰하면서 방송에서는 포착되지 않았던 생각의 흐름이 보이기 시작했다. 그리고 인터뷰이들이 쏟아낸 저마다의 이야기 속에서 마침내 그들이 힙합을 하는 이유를 짐작할 수 있었다. '내 이야기를 하고 싶어서' 그리고 '사람들로부터 인정받고 싶어서'. 가족과 친구에게 인정받는 게 그 어느 때보다 중요한 10대를 살면서 그들은 자기 이야기를 마음껏 표현할 수 있는 랩에 빠져들었다. 랩 가사는 전문지식이나 훈련 없이도 누구나 쓸 수 있다. 게다가 자기고백적 음악인 힙합은 자신의 이야기를 솔직하게 할수록 좋은 평가를 받는 음악 장르다.

학교 안팎에서 여러 가지 사건을 겪으며 생겨난, 그 누구에게도 인정받지 못하고 있다는 불안감이 그들에게 랩을 쓰게 한 것은 아닐까. 사건들 가운데는 당연히 학교폭력 문제가 포함돼 있다. 이 책의 인터뷰이는 모두 직간접적으로 이 문제에 연관돼 있다. 그만큼 10대와 학교폭력 문제는 떼어낼 수 없는 관계다. 성인 관찰자 입장에서 학교폭력 및 왕따 문제에 대해 섣불리 얘기하긴 힘들다. 거기엔 상상 이상으로 복잡한 메커니즘이 작동하기 때문이다. 이는 인터뷰어의 태도와 입장과도 연결됐다. 그들을 옹호하거나 비난하지 않고 그들이 하고 싶어하는 이야기를 최대한 듣고 기록하려고 했다. 힙합이라는 장르가 가지고 있는 여성혐오 문제 역시 중요하게 다뤄야 하는 사안이었다. 이 인터뷰가 그것을 부추기지나 않을지 세심하게 주의했다. 학교폭력과 여성혐오 이슈는 이 인터뷰의 출간을 오래도록 망설인 요인이기도 했다.

인터뷰를 하면서 많은 생각이 교차했다. 안타깝기도 했고 응원하고도 싶었으며 좋은 방향을 제시하고도 싶었다.

하지만 설교하려 들지 않았고 말하고 싶지 않은 것을 캐묻지 않았다. 다만, 일련의 과정 속에서 이런 문화의 흐름이 어떤 결핍에서 시작되었는지, 10대들이 어떤 문제로 고통스러워하는지 이해하게 된 것만은 사실이다. 내용에 대한 선호를 떠나 이 흐름을 담는 것 자체가 의미 있는 일이라 결론 내리고 이제 이 책을 출간한다. 인터뷰는 당초 '경어'로 이루어졌다. 이 책에선 인터뷰 대상자의 태도와 입장을 보다 분명하게 전달하기 위해, 아울러 이 인터뷰가 이들이 말로 쓴, 또 하나의 랩 가사라는 점을 은유하기 위해 '평어'로 편집했다. 만남에 응해준 26명 인터뷰이에게 진심으로 감사하다는 말을 전하고 싶다.

나지언, 강예솔

고등래퍼

음악전문채널 Mnet이 2017년 2월 선보인 힙합 서바이벌 프로그램. 최근 몇 년간 ‹쇼미더머니›, ‹언프리티 랩스타› 등의 프로그램이 힙합 장르를 주류로 밀어 올리는 흐름 속에 등장한 프로그램이다.

'세상을 향한 10대들의 힙합 돌직구'를 부제로 한 ‹고등래퍼›는, 힙합에 열광하는 고등학생들의 랩을 통해 그들의 거침 없는 이야기를 들어보자는 취지를 갖는다. 이들은 서울 강동, 서울 강서, 경인 동부, 경인 서부, 광주 전라, 부산 경상 총 6개의 지역으로 나눠 예선을 치렀고, 지역별로 각 9명의 참가자를 선발해 지역대항전 형태로 서바이벌을 진행했다. 가장 인기 있는 10대 크루 '딕키즈'의 멤버인 양홍원과 이수린·윤병호를 필두로 예능인 김구라의 아들 MC그리, 아이돌 그룹 NCT의 멤버 마크, 그리고 지역 예선에서 다크호스로 등장한 최하민 등이 주목을 받았다.

‹고등래퍼›는 프로페셔널 래퍼에게서 보기 힘든 순수하고 솔직한 10대 래퍼들의 모습을 가감 없이 보여줬다는 호평과 함께, 참가자의 과거사 문제로 논란도 됐다. 2018년 방영한 두번째 시즌 ‹고등래퍼2› 역시 큰 화제를 불러일으키며 성공적으로 막을 내렸다.

Contents

1

서울 강서 서울 강동

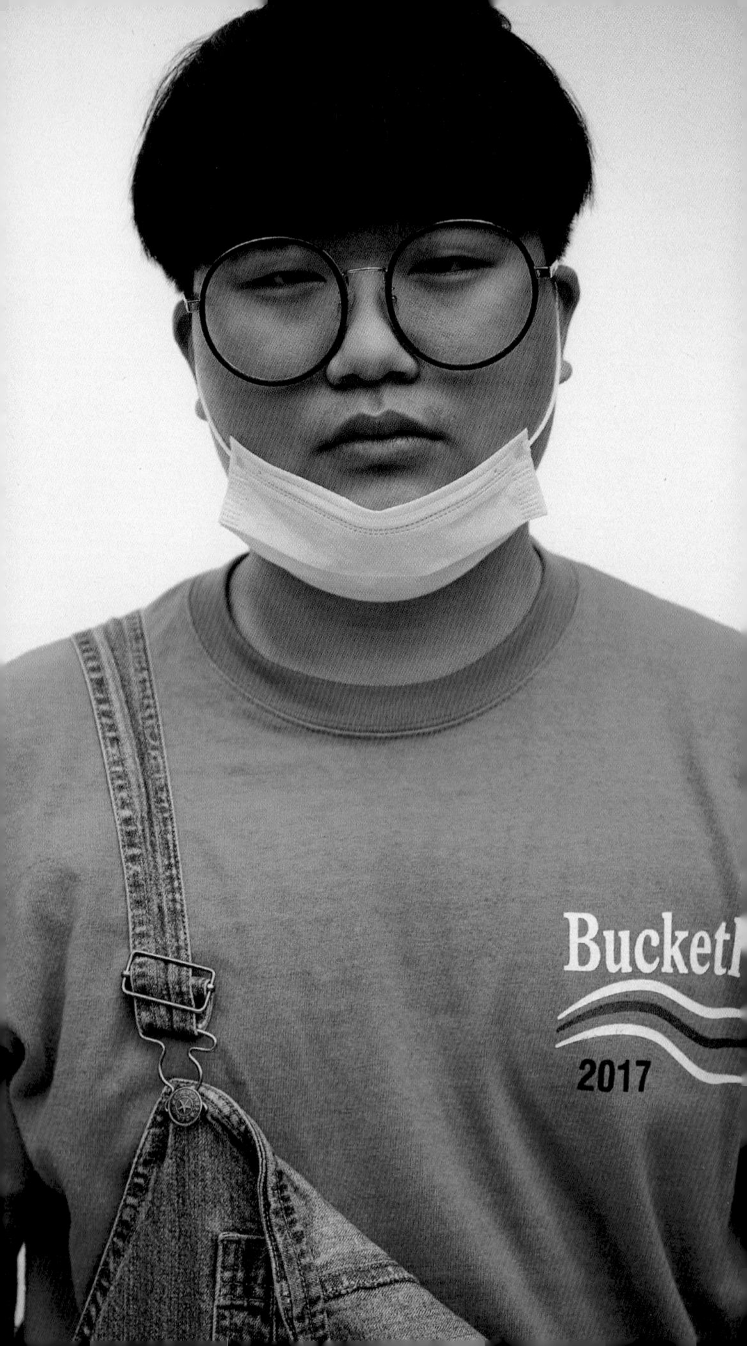
Bucket
2017

양홍원 Young B

딕키즈 크루의 일원으로, 방송 전에도 또래들 사이에서 실력을 인정받은 래퍼였다. ‹고등래퍼› 초반부터 가장 유력한 우승 후보로 주목받았고, 결국 우승을 차지했다. 이후 ‹쇼미더머니6›에 출연, 본선 1차 무대까지 진출하며 화제를 모았고, 힙합 레이블 인디고뮤직에 합류해 두 장의 싱글 앨범을 냈다. 과거 학교폭력 논란으로 비난을 받는 것과 동시에 국내 힙합 신의 새로운 주역으로 불리고 있다.

인스타그램: dickidsyoungb

사운드클라우드: borntong-1

양홍원
랩네임: 영비(Young B)
- 1999년 서울 출생
- 서울 오금중학교 졸업
- 서울 신동신정보산업고등학교 졸업
- 2017년 Mnet ‹고등래퍼› 우승
- 2017년 디지털 싱글 앨범 [아침에] 발매
- 2018년 디지털 싱글 앨범 [TEEN TITANS] 발매
- 힙합 크루 '딕키즈'(Dickids) 소속
- 힙합 레이블 '인디고뮤직' 소속

아침에 by 양홍원

아침에 떠있는 해의 색
내 맘대로 색칠해
어떤 색을 칠하지 고민 중
내 친구가 던졌네
오케이 Man 네가 고른 대로
오늘 하루를 살아보자고 때론
검정색의 방해꾼들이 막아도
네가 든 붓으로 때려
누구도 날 방해할 수 없어
일어나서 우유를
마시진 않지만
깨끗한 유리잔이 부유를
만들어주지 않아
난 뛰어 빨에서 보까지
그저 내 삶이
나의 도화지
날 느낀다면 그날부터 난
누나들의 오빠지
Ho ho 난 멋진 래퍼가 됐고
큰 무대 위에 올랐지
표정엔 건방이 들었고
난 마실 거야 그녀들의 호흡까지
똑 똑 엄마가 문을 두드리고
난 꿈에서 깨어났지
근데 yo yo 꿈을 밤에만 꾸냐
멍청한 놈들 이런 건 몰랐지
Let's talkin that jazz vibe
넌 어떤 아침에 깼나
Let's talkin that jazz vibe
또 어제처럼 했나

Let's talkin that jazz vibe
우린 필요해 많은 생각이
Let's talkin that jazz vibe
필요해 어제와 다른 색깔이
굿모닝 엄마 궁금해하지 마
내가 오늘은 어디로
가는지 나 가는 길은
가르침 따윈 없으니 안돼 가늠이
버스비 줘 다른 아줌마들 아들과는
다르니까 떠날래 멀리로
Only one thing
괜찮아 맘에 안 드는 옷 핏도
I wanna be a star
난 곡 만들 수 없어
연결고리처럼
또래 친구들을 바보로
만들어버리는 가사도
못 써 범비처럼
나 같은 놈의 가슴을
찢어놓을 수도
없어 내 전 여친처럼
그래도 난 날아 When I fly
차라리 너네랑 달라서 괜찮아
Let's talkin that jazz vibe
넌 어떤 아침에 깼나
Let's talkin that jazz vibe
또 어제처럼 했나
Let's talkin that jazz vibe
우린 필요해 많은 생각이
Let's talkin that jazz vibe

필요해 어제와 다른 색깔이
필요해 어제와 다른 색깔이
Ay friend 모른 척하지 말고 대답해
맨 앞에 가 있는데 내가 왜 같애
걔네랑 게으른 애들 내가 개 같대
여전히 아프다면 니 배가 trash
얼마나 처잤는질 생각해
그리고 어떤 아침에 깼는질
우린 필요해 다른 색깔이
Let's talkin that jazz vibe
넌 어떤 아침에 깼나
Let's talkin that jazz vibe
또 어제처럼 했나
Let's talkin that jazz vibe
우린 필요해 많은 생각이
Let's talkin that jazz vibe
필요해 어제와 다른 색깔이

2017년 <고등래퍼> 우승을 예상했나?

솔직히 우승할 수 있을 거라고 봤고, 우승해야만 된다고 생각했다. 정작 결승전에선 결과야 아무래도 좋다는 마음이었지만. 어쨌든 시작부터 목표는 우승이었어.

<고등래퍼> 끝나자마자 <쇼미더머니6>에도 참가했다. 심지어 <쇼미더머니>는 세번째 지원이었다.

나를 내보이고 증명하고 싶다는 생각이 강했던 것 같아. <고등래퍼>에서 우승하고도 <쇼미더머니6>에 또 나간 건 '오기' 때문이었어. 4,5시즌에서 제대로 보여주지 못했다는 생각이 들어서. 랩 실력도 모자랐지만, 무대에서 어떤 모습을 보여줄 것인지에 대한 준비가 부족했다고 봐. <쇼미더머니6>에서는 무조건 본선 무대에 서겠다는 목표가 있었어. 다시 나갈 생각은 없다. 이만하면 됐고, 이제 내 음악을 보여줄 때라고 생각해.

힙합에는 어떻게 관심을 가지게 됐나?

중학교 1학년 때 친구와 노래방에 자주 갔어. 발라드를 좋아했지. 하루는 평소처럼 가서 노는데, 동네 무서운 형이 무턱대고 들어와서는 약속 시간 뜬다고 노래 좀 하다가 가겠다는 거야. 불편하고 싫었지. 그 형이 마이크 뺏더니 MC스나이퍼의 One Nation 랩을 하더라. 갑자기 형이 멋있어 보였다. 싫어하는 사람인데, 랩을 하니까 매력적으로 보이는 게 신기했어. 그때부터 힙합에 관심이 생겼던 것 같다.

그럼 중학교 1학년 때부터 시작했나?

그때는 다이나믹 듀오(Dynamic Duo)나 사이먼 도미닉(Simon Dominic) 곡을 따라 하는 수준이었어. 중3 때, 제대로 해보고 싶어서 실용음악학원에서 랩을 배웠어.

놀고 싶은 마음에 금방 집어치웠지만. 그런데 졸업할 무렵에 음악학원 선생님이 회사를 차렸다면서 아직도 랩하느냐고 물었다. 그만뒀다고 말하기가 창피해서 한다고 둘러댔더니 래퍼로 들어오라는 거다. 거기 들어가면 뭔가 인생이 바뀔 수 있겠다는 생각에 수락했어. 그런데 키워준다고 했던 그 선생님이 알고 보니 내 목소리를 다른 음반의 가이드로 팔고 있더라고. 어쨌든 그분 덕에 랩을 시작하게 된 건 맞아. 그 뒤에 딕키즈 크루에 들어갔지.

그때는 주로 어떤 이야기를 썼나?

처음 음악을 시작했을 때, 딕키즈 친구들 소개로 래퍼들이 많다는 홍대 윗잔다리공원을 찾아갔어. 그런데 거기 있던 사람들이 이상한 눈빛으로 쳐다보더라. 힙합하는 사람처럼 입지 않아서. 그 시선들이 굉장히 불쾌한 기억으로 남았나 봐. 그런 식으로 사람들에게 무시받았던 상황을 떠올리면서 가사를 통해 화를 분출했어. 처음 <쇼미더머니>로 인지도를 얻었을 때부터 그 공원에 있던 사람들을 대상으로 가사를 썼고, 한동안 그 주제에 몰두했다. '무시를 받았고, 그게 동기가 돼서 난 너희들보다 빠르게 가고 있다' '너희들이 친구들 만나서 홍대에서 노닥거릴 때, 난 혼자 열심히 가사 썼다'는 식의 이야기들.

<쇼미더머니> 이후에도 그 공원에 간 적 있나?

자주. 그러면 거기 래퍼들이 '<쇼미더머니> 양홍원 여기 있네, 그래도 난 상관없어'라고 랩을 해.

요즘엔 어떤 주제의 가사를 쓰나?

도시에 관한 이야기. <고등래퍼> 때 홍대 쪽으로 이사를 했거든. 그전까지는 송파구 마천동에 살았고. 마천동은 서울이라고 느껴지지 않을 정도로 조용한 동네야. 음악을 시작하고 목표가 커지면서 내가 사는 동네가 너무 좁다는 생각이 들었다. 거기서 느낄 수 있는 것에 한계가 있었어. 그래서 이사를 했다. 물론 더 힘들어. 인간관계도 복잡해지고, 일도 어려웠고. 그렇게 도시가 내게 알려준 것들에 대해 쓰고 있어.

좋아하는 것과 싫어하는 것으로 자신을 설명해달라.

자유로운 건 뭐든 좋아. 싫어하는 건 '척'하는 거고. 물론 그걸 알아보긴 힘들겠지. 비 오는 것도 별로야. 괜히 축 처지잖아.

딕키즈 크루는 당신에게 어떤 존재인가?

‹쇼미더머니6› 마지막 무대에 오른 날, 딕키즈 애들과 다툼이 있었고 결국 내가 크루를 나가겠다고 했다. 근데 그날의 가사에 딕키즈 크루에 대한 얘기가 있었어. 리허설 때 하필 그 대목만 자꾸 틀리더라고. 본무대에서 겨우 해내긴 했는데, 결국 떨어졌지. 탈락하고 나서 제작진이 지금 생각나는 사람을 물어보는데 딕키즈가 떠올랐어. 그러고 보니 오디션 프로그램에서 선보였던 거의 모든 노랫말에 딕키즈가 등장하더라. '딕키즈라는 이름이 없으면 내가 할 수 있는 음악도, 쓸 수 있는 가사도 줄겠구나' 하는 생각이 들었다.

지금껏 쓴 랩 가사 중 자신을 가장 잘 설명하는 구절은?

지도라는 곡의 모든 구절. 여기서 '지도'는 '~할지도'의 '지도'야. 스스로도 보기 힘든 내 모습에 대해 쓴 곡이지. 가장 약하고, 확신 없는 내 모습이 이 곡에 있다. "이것까지 전부 나의 착각인지도" "난 강해졌다 생각했는데 작아질지도" "이러다가 내가 여기서 망가질지도" 같은 구절들이 모두 나야.

**"'열심히 살았고, 바닥까지 내려가봤고,
상처 받아봤고, 나빠도 봤고,
그래서 더 많이 느꼈다'. 지금의 내가 쉽게
만들어진 건 아니라고 말하고 싶어."**

스스로에 대한 확신은 얼마나 있나?

일단 나니까 잘할 수 있다고 생각해. 어떤 사람이 내게 '이런 것 때문에 잘 안될 거 같다'고 하거나 '이건 별로다'라고 하면 그 말이 계속 머리에 맴돌아. 그러다 '결국 그 사람 말처럼 되면 어떡하지?'라며 수렁에 빠질 때가 있어. 그럴 때마다 나니까 할 수 있다고 생각하면서 확신을 가져.

학교에서 배운 것도 있나?

중고등학교 시절 내내 많은 일들이 있었다. 중학교 때는 선생님이 혼을 많이 내면서도 어떻게든 이끌어주려고 하는 게 느껴졌어. 그런데 고등학교 시절엔 그런 게 없었어. 선생님이나 선배들한테 무시당한 기억밖에 없어. 잘못을 하면 혼내는 게 아니라 그냥 꺼지라는 식이었지. 어느 날 시험 점수 나쁜 애들에게 산에 가라는 벌칙이 떨어졌는데 내가 안 갔어. 나중에 복도에서 선생님을 만났는데, 애들이 다 보는 앞에서 내 명치를 세게 때리더라. 바로 경찰에 신고하고 학교를 나와버렸지. 학교에서 배운 거? 없다.

사람들이 학폭(학교폭력)과 연관 지어 당신을 거론한다.

중학교 2~3학년 때 일이야. 그 시절 모든 행동은 '나는 부족하다'는 생각에서 시작됐던 것 같아. 어렸을 때부터 상처가 있었고, 그 상처를 가리려면 학교나 동네에서 센 척을 해야만 했지. 그러다 보면 안 좋은 선배들의 눈에 띄고, 그들에게 당하고, 결국은 그 사람들이랑 친해져버려. 사과하고 싶은 마음은 있지만, 내가 일방적으로 할 수 있는 문제가 아니라 어렵다. 그 친구의 입장이 있으니까. 내가 지금 그 얘기를 자세하게 한들 그 친구에게 사과로 받아들여지진 않을 것 같아. 길게 설명해봤자 누구도 내 삶을 이해하지 못할 거고. 그렇다고 '여러분 사실은 그런 게 아니니까 제발 욕하지 말아주세요'라고 말할 생각도 없어. 사람들은 각자의 생각대로 나를 평가할 수 밖에 없을 것 같다.

당신의 10대를 한마디로 정리한다면?

'열심히 살았고, 바닥까지 내려가봤고, 상처 받아봤고, 나빠도 봤고, 그래서 더 많이 느꼈다'. 지금의 내가 쉽게 만들어진 건 아니라고 말하고 싶어.

랩을 통해서 결국 무엇을 말하고 싶은가?

나의 과거, 현재, 미래. 랩을 하다 보면 지금 말했던 얘기가 과거가 되고, 미래가 현실이 돼. 그럼 그 끝에서 나는 또 어떤 이야기를 쓸지 기대가 돼. 일단 솔직해져야 하는 것 같아. 음악을 만들 때만큼은 솔직해야 한다.

가장 가까이 있는 꿈과 가장 멀리 있는 꿈은 무엇인가?

가장 가까이 있는 꿈은 차를 사는 것, 가장 멀리 있는 꿈은 그 차를 부수는 것. □

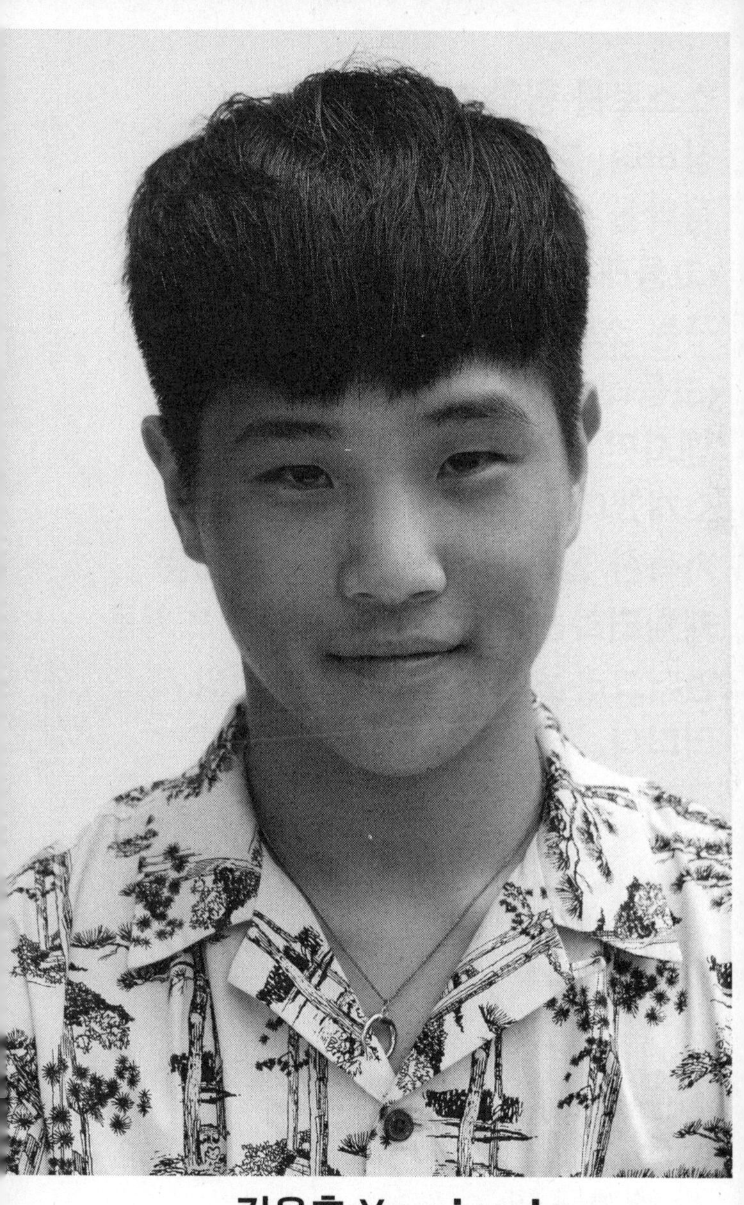

김윤호 Yenjamin

스스로를 힙합 신의 신사라 칭하며, 밝고 유쾌하고 신나는 음악을 추구한다. 처음 출연한 <고등래퍼>에서는 나는 꿈을 꾸는 소년이라는 곡을 선보였고, <고등래퍼2>에서는 스스로를 '옌자민 긍정의 전도사'라고 소개했다. 무겁고, 어둡고, 분노로 가득한 힙합 음악판에서 보기 드문 캐릭터라는 평이다. 요즘 가장 뜨거운 언더그라운드 크루, 키프 클랜의 리더다.

인스타그램: kiff_yenjamin

사운드클라우드: yenjamin99

김윤호
랩네임: 옌자민(Yenjamin)
– 1999년 서울 출생
– 서울 숭실중학교 졸업
– 서울 숭실고등학교 졸업
– 중부대학교 재학
– 힙합 크루 '키프 클랜'(Kiff Clan) 소속

4년 회장 선비 집안
취미로 뱉어낸 랩이 날 바꿔놔
없어 난 래퍼의 센 척 랩 할 땐 미소가 번져
옌자민 긍정의 전도사 빨리 다 내게 와 행복을 챙겨

Level up level up level up 내가 촬영한
날마다 했던 거
Feel like I'm tennis 코트 위 페더러 더 이상
래퍼를 꿈꾸는 자민은 nay nay 대중도 봤어
내 인식의 체계 조금씩 바꿀래 힙합의 세계 난 될 거야
MJ yeah hill the world day day

Whoa 오 신사 신사 신사 이게 내 태도
라고 말했더니 정말 신사적인 삶을 살고 있냐 내게 물어 yaya
Look at me I'm not a savage ethic and
Me got married 대화를 나눠보면 알지
My manner is automatic

Feelin my feelin my swag you can call me
랩하는 선비 이런 내 캐릭터에 불만 있음 딴 곳으로 번지
이제는 변해야 할 때 거기 너 인상 좀 필래
더 밝은 세상을 위해 오늘도 내 꿈에 기대

운동을 했다고 들었다.

초등학교 때 야구를 했어. 야구선수가 되고 싶어서. 그런데 부모님 반대가 심해서 중학교 가서는 축구를 했다. 이상하게 축구하는 건 반대하지 않으셨는데, 그마저도 중3 때 십자인대가 파열되면서 그만뒀어. 한동안 우울하게 지냈지. 탈선한 건 아니고. 그 무렵에 우연히 비프리(B-Free) 2집 [희망] 발매기념 콘서트에 갔어. 충격이었어. 힙합 문화라는 게 있는지도 몰랐는데, 정말 굉장한 무대였다. 엄청 많은 사람들이 환호해주고 랩을 '떼창'하는 걸 보면서 나도 저렇게 하고 싶다는 생각이 들었어. 고1 겨울방학부터 랩을 하고, 가사도 만들기 시작했다. 지금 보면 엄청 유치한데, 그때는 되게 진지하게 썼던 것 같아. "비트 위에 형형색색의 물감을 칠해" 같은, 말도 안 되는 구절들. 그때 같이 음악하던 형들이 지금도 놀려.

〈고등래퍼〉에 나가게 된 계기는?

사실 음악은 고등학교 마치고 나서 본격적으로 하려고 했어. 그런데 주변에서 자꾸 한번 나가보라고 하더라. 고민하다가 마감 하루 전에 지원서를 냈어. 지원 동기에 뭐라고 썼는지 기억은 잘 안 나는데 '자극받고 싶어서'라고 쓴 것 같아.

〈고등래퍼〉 이후 어떤 변화가 생겼나?

일단 기분이 좋아. 이름을 알렸잖아. 생각이나 이해의 폭도 넓어졌어. 방송이 아니었다면 나와 다른 생각을 하는 사람들을 그렇게나 많이 접할 수 없었을 거야. 이젠 다른 사람을 만나도 '이렇게도 생각할 수 있겠구나'라는 생각을 먼저 해. 동시에, 생각할 게 많아지고 스트레스도 커졌어. 방송 이후에 욕심이 생겨서 그런 것 같아. 사실 방송에서는 너무 어리숙했고 아마추어 느낌이 강했지. 이제는 진짜 래퍼다운 모습을 보여주고 싶어.

랩에 주로 어떤 이야기를 담아내는 편인가?

힙합이 약간 마초적이고 남성적인 분위기가 강하잖아. 나는 그런 걸 추구하지 않아. 그래서 힙합하는 사람들과 함께하면서도 늘 다른 공간에 있는 것 같아. 굳이 그렇게 거만한 표정으로 남 헐뜯는 랩을 하고 싶진 않거든. 대신 '나는 다르다' 식의 주제를 다루고 있어. 요컨대 지향하는 게 다른데, 그걸 욕할 수 있느냐는 거지. 그래서 요즘 고민이 많아. 힙합하는 친구들을 많이 사귀고 싶은데, 그러자니 안 맞는 부분이 많아서. 사실 나 같은 사람을 잘 인정해주지도 않고. 힙합 신에서 나랑 비슷한 생각을 가진 사람들의 스펙트럼을 넓혀가는 게 내 소박한 꿈이야.

랩을 통해서 진짜 말하고 싶은 건?

때가 있다고 하잖아. 10대에는 10대라서 쓸 수 있는 가사가 있을 거고, 20대엔 또 그 나이에 어울리는 가사가 있겠지. 인생의 매 시기마다 내 감정들을 음악에 녹여내고 싶어. 심오하게 인생에 대해 논하겠다는 건 아니고. 그때그때 특별했던 감정들을 쓰고 싶어. 그래서 여행을 좋아하기도 해.

지금껏 쓴 랩 가사 중 자신을 가장 잘 설명하는 구절은?

"신사, 신사, 신사, 이게 내 태도". 힙합 신의 젠틀맨이 되고 싶어.

좋아하는 것과 싫어하는 것으로 자신을 설명한다면?

가끔 친구들이 내 삶에 무슨 재미가 있느냐고 물어볼 때가 있어. 그 친구들 눈엔 김윤호의 인생이 재미없어 보이나 봐. 남들처럼 게임을 좋아하는 것도 아니고, 개인주의적인 성격이라 더 그런 거 같아. 나 스스로 평가하자면, 좋아하는 것들을 하면서, 나름대로 즐겁게 살고 있어. 좋아하는 건 두 개야. 음악이랑 여행. 혼자 음악을 만들고, 엄마와 여행을 떠나는 걸 좋아해. 싫어하는 건 함부로 말하는 사람과 거만한 사람. 아, 벌레도.

랩네임 '옌자민'(Yenjamin)은 어떻게 지은 건지?

정치인 벤자민 프랭클린(Benjamin Franklin)을 좋아해. 정확하게는 그분이 정한 자기만의 규율이 멋있어. '사람을 속여 해치지 마라' '시간을 낭비하지 마라' '모든 물건은 제자리에 두고, 일은 모두 때를 정해서 하라' 등 이른바 13가지 덕목이다. 다른 데 흔들리지 않고 자기 신념대로 나아가기 위해서 만든 규율이 아닐까. 아무튼 그런 게 멋있고, 나도 그렇게 나아가고 싶어서 지은 이름이야. 남에게 피해주지 않고, 남을 욕하지 않으면서, 내 신념대로 랩을 하고 싶다.

같이 음악하는 친구들이 있나?

'키프 클랜'이라는 크루. 우리만의 멋을 지키자는 뜻(Keep It Fucking Flexin)으로 만들어진 팀이야. 내가 만든 건 아닌데, 어느 순간 리더가 됐어.

학교에서 배운 것은 무엇인가?

인내심과 참을성. 뜻이 없으면 학교에 있는 시간이 정말 길게 느껴져. 사람에게 잘 보이는 법이나 예쁨 받는 법도 배운 것 같아.

자신의 10대를 한마디로 정리한다면?

기복이 심했어. 좋다가 나쁘기를 늘 반복했고. 특히 초등학교 때는 진짜 힘들었어. 몸이 너무 아파서 1년에 몇 개월씩은 병원에 입원해 있었어. 폐렴만 여섯 번 걸릴 정도로 약골이라 어릴 적 기억의 풍경 대부분이 병원이야. 아픈 게 싫어서 운동을 했는데, 십자인대 파열로 그만둬야 했고. 음악을 하면서 다시 좋아진 것 같아. 10대 시절 가장 좋았던 기억이 〈고등래퍼〉 '1:1 배틀' 무대였어. 비록 그 무대를 끝으로 탈락했고, 방송에 제대로 나오지도 않았지만 현장에서 칭찬을 엄청 받았어. 마치고 펑펑 울었다. 기뻐서. 성취감도 컸고. 부담감 때문에 〈고등래퍼〉를 촬영하는 내내 무서웠는데, 그 무대에서 비로소 떨쳐낸 것 같아. 이제 웬만한 무대는 떨리지도 않아.

앞으로의 랩 가사에 평생 쓰고 싶은 세 가지 단어를 고른다면?

'숫기 없는 사람'은 지금의 나를 설명하기에 적절한 말이고, '선비'는 지금 나의 음악 스타일을 표현하는 단어야. 그리고 'Flexible'은 앞으로 내가 가져가고 싶은 태도이고.

음악을 하면서 가장 어려운 점은 뭔가?

교육 시스템이 마음에 안 들어. 각자의 재능이 있고, 서로의 가치관을 존중해야 하는데, 우리나라 10대는 틀에 얽매여서 똑같은 생각만 하는 것 같아. 시스템 때문이겠지. 자기 생각을 가질 수 있는 시간이 없어. 일곱 시에 일어나서 수업 받고, 야자 하고, 학원 가고, 이튿날 다시 일곱 시에 일어나야 하잖아. 전구 하나를 봐도 '왜 동그라미지?' 같은 의문을 품을 수 있어야 하는데, 그럴 여유가 없어. 그런 환경에서 자기만의 가사를 쓴다는 건 정말 어려운 일이다.

"10대에는 10대라서 쓸 수 있는
가사가 있을 거고, 20대엔 또
그 나이에 어울리는 가사가 있겠지.
인생의 매 시기마다 내 감정들을 음악에
녹여내고 싶어."

김윤호

오늘 입고 온 스타일을 설명한다면?

칼하트(Carhartt) 셔츠. 칼하트는 내가 제일 좋아하는 브랜드야. 비싸긴 한데, 다른 데 옷 서너 벌 살 바에야 그 돈 모아서 칼하트를 사자는 쪽이야. 돈만 있으면 칼하트로 무장하고 싶어. 내 꿈 가운데 하나가 칼하트 모델이 되는 거야. 키가 좀 작긴 하지만. □

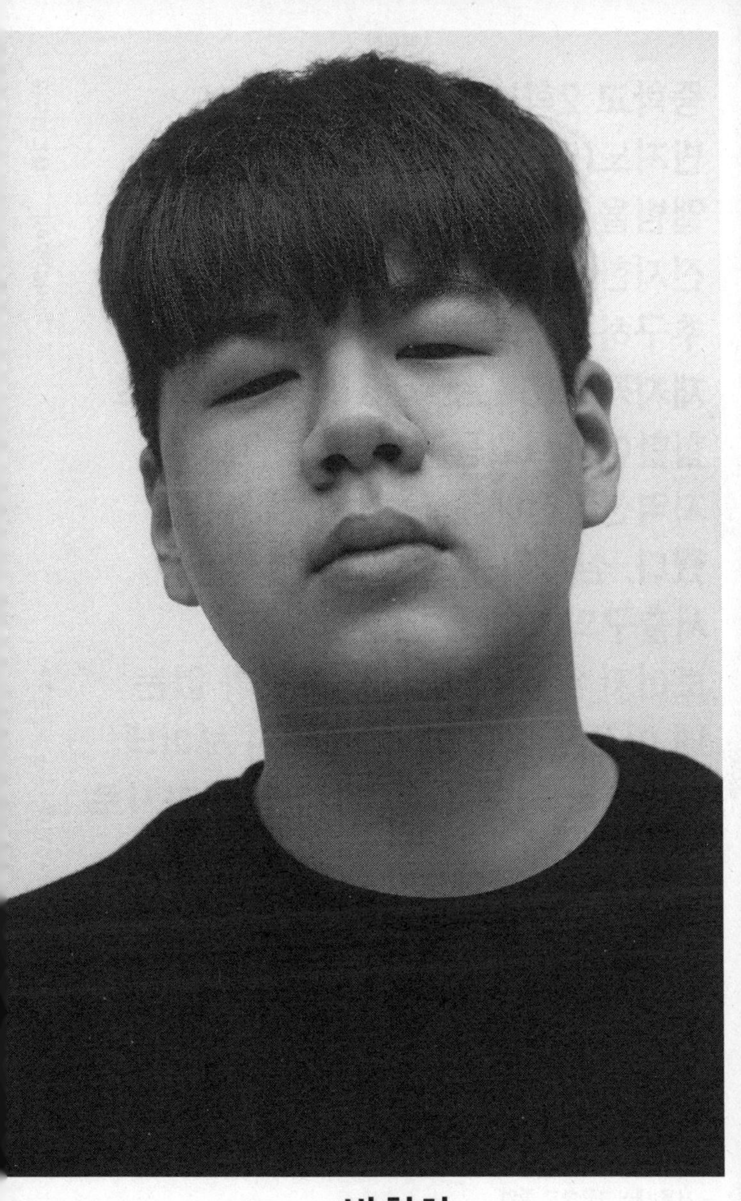

박휘찬

중학교 2학년 때
빈지노(Beenzino)의 [24:26]
앨범을 듣고 힙합 음악에
진지한 관심을 갖기 시작했다.
추구하는 스타일 역시 빈지노와
재지팩트(Jazzyfact) 같은 재즈
힙합이다. ‹고등래퍼› 서울 강서
지역선발전에 출전해 예선 3위를
했다. 심사위원인 기리보이와
서출구의 이름을 인용한 “길이
보이지 않던 내 미래도 출구가 없는
내 미로 안에도 자 이제 길이 보이네
출구가 여기에”라는 재치 있는 가사로
호평받았다.

인스타그램: __hedg2hog__
사운드클라우드: gnlcks

박휘찬
– 1998년 서울 출생
– 서울 인창중학교 졸업
– 서울 대신고등학교 졸업
– 한국예술원 재학

Street by 박휘찬

두 귀에 꽂아 넣은 이어폰에
서 흘러나오는 소리에 난 또 몸을 맡겼어
Vibe가 짜는 이 도시의 느낌을 난 빌려eh
딴지 거는 놈은 내 앞에서 좀 비켜eh

3년 전부터 열심히 난 달리는 줄 알았네
그런데 나는 이제 신발끈을 꽉 묶었네
죽였네 피폐해진 내 정신상태 Killing
빽빽한 빌딩 사이로 흐르는 바람의 Feeling
매 순간이 다 Chilling
Ok 오늘 밤엔 밀린
가살 끝내보자고
엄마한테 빌린
믿음을 돈으로 바꿔줘
이제 아들 유명세 좀 알아줘
내가 갚아줘
우리 집안 빚
부모님이 흘린 피
Started from the B
But 이제 Bling할 일만 남았네
걷다 보니까 이제 집에 다 왔네
Came a long way
과거와 미래의 난 지금의 내가 됐네

Walkin on the street
집에 가면서 그린 나의 그림
Supreme이 가득한 내 방
이제 얼마 남지 않았단 걸 느끼곤 해
그래서 항상 피곤해
재네들이 술 퍼마시고 잠에 들 시간에

난 해를 두 번 보고 자 그 담 이어폰을 꽂아
누군 꿈을 좇아 이젠 그런 것조차 내겐 사치란 걸 느껴
맬 밤마다 흐느껴 울며 보낸 시간이 도움을 줬네 내게
No pain no gain ok
쓰러져도 again & again
또래 애들보다는 더 많은 고민을 가지고 있던 아이
너는 커서 아무것도 못할 거란 말을 들은 아이
그 나이의 아인 커서 마이크 앞에서 침을 튀겨
Twing
난 하는 척 같은 거 안 해
척할거면 시작도 안 했어
안 내켜 내가 하기 싫은 거
주머니에 든 건 돛대뿐인데
So what
I don't give fuck

랩을 시작하게 된 계기를 설명해달라.

공부하기 싫어서. 처음에는 소설가나 시인이 되고 싶었어. 글쓰는 것도 좋아했고 책도 많이 읽었다. 근데 문학을 하려면 제대로 공부해야 되잖아. 문장도 제대로 써야 하고. 그러긴 싫었어. 대신 음악을 하기로 했지. 대학교는 가는 조건으로 부모님에게 랩하는 걸 허락받았어. 어른들에게는 랩이 질 나쁜 애들, 양아치나 일진들이 하는 거라는 인식이 있잖아. 인터넷만 봐도 '힙찔이, 힙찔이' 하니까. 실제로 고등학교 때 내 별명이 힙찔이었다. 학교 힙합 동아리에서 제일 랩을 못했어.

어떤 음악의 영향을 가장 많이 받았나?

중학교 다닐 때 빈지노의 [24:26] 앨범이 나왔어. 그때 처음 힙합을 하고 싶다고 생각했어. 그 앨범의 If I Die Tomorrow를 듣고선 '아, 이게 랩이구나' 싶더라. 다른 사람들은 다 사랑 타령만 하는데 빈지노는 자기가 내일 죽으면 어떻게 될까를 노래하는 거다. "말보로와 함께 탄, 내 20대의 생활" "책상 위에 놓인 1800원짜리 펜" 그런 가사가 너무 좋았어. 처음에는 2년 반 정도를 그냥 허비했어. 돈도 없는데 가사에 돈 얘기 끄적이고, 여자한테 인기도 없으면서 여자 얘기 쓰고. 허세 가득한 힙찔이었지. 그 2년 6개월이 지금껏 인생에서 가장 아까운 시간이야. 그러다 고등학교 3학년 중반부터는 꽤 열심히 하기 시작했어.

열심히 하게 된 동기를 설명한다면?

동아리의 다른 애들보다 못한다는 소리도 듣기 싫었고, 그렇게 사는 것에 회의가 들더라. 그때부터는 잠도 거의 안 잤어. 음악하는 사람은 새벽에 영감을 받는다고 하잖아. 빈지노의 Always Awake 들으면서 새벽에도

“인생에서 대신고등학교 친구들은 특별해. 중학생 시절의 트라우마를 잊게 해줬어. 친구를 사귄다는 것 자체가 두려웠던 시절에.”

늘 깨어 있었어. 가사에도 '해를 두 번 본다'고 쓰고. 그때 열심히 한 덕분에 <고등래퍼>에서 지역 예선 3위라도 할 수 있었던 것 같아.

<고등래퍼>로 인해 바뀐 게 있다면 뭔가?

방구석 힙찔이었는데, <고등래퍼> 나가고부터 홍대에 가면 사람들이 알아봐주고 인스타그램 팔로잉도 해주더라. 처음엔 연예인병 걸렸다. 난생 처음 관심 받으니까 신기했다. 평소엔 잘 찾지도 않던 홍대를 그 무렵엔 괜히 들러보기도 했어. 다행인 건 난 반성이 빨라. 한 2~3주 그러다가 정신 차렸지. 이거보다 열 배, 백 배 더 인정받기 위해 노력해야 한다는 생각이 들었어. 관종 짓, 이젠 안 한다.

지금껏 쓴 랩 가사 중 자신을 가장 잘 설명하는 구절은?

도시적인 느낌이 드는 가사를 많이 쓴다. 제목도 '서울' 같은 게 많아. 굳이 고르자면 고등학교 1학년 때 쓴 "사람들이 다 같은 색으로 물들어갈 때 회색 도시에서 난 나만의 색깔을 칠한다"라는 구절이 있어. 내가 사는 서울에 대해 이야기하고 싶었어. 서대문구 충정로에 사는데, 여긴 새벽 서너 시 되면 지나는 사람이 아무도 없어. 가끔은 육교 위에서 가사를 쓰기도 해. 나뿐만 아니라 외국 힙합 들어보면 아티스트가 사는 지역에 대한 이야기가 많아. 나스(Nas)의 N.Y. State Of Mind도 그래서 좋아해.

지금 살고 있는 동네를 주제로 곡을 쓴다면?

여덟 살 때부터 충정로에서 12년을 살았어. 동네 친구들에 대한 노래를 만들고 싶다. 내 또래 중에서 아무 계획 없이 흘러가는 대로 사는 친구들을 보면 안타까워. 놀고 술 마시고 그러는 거 당연히 좋겠지. 인생엔 유흥도 필요하다고 생각해.

근데 30대 되면 클럽에서 받아주지도 않잖아. 오토바이 배달하면서 대충 살다 죽어야지 하는 친구들도 안타까워. 얼마 전 길에서 어떤 친구를 우연히 만났다. 걔 말이, 뭘 해야 할지 모르겠대. 게임 하는 것만 좋대. 난 신이 사람들 각자에게 재능 하나씩은 준다고 생각해. 단지 그걸 찾느냐 못 찾느냐의 문제 같아. 그걸 빨리 찾는 사람이, 흔히 말하는 '재능 있는 사람'이겠지. 게임이 좋으면 프로게이머가 될 수도 있고 게임을 만들 수도 있다고 생각해. 내가 뭐라도 된 것처럼 구는 건 아니고. 내가 힙합이라는 재능을 찾은 것처럼 그 친구들도 어서 빨리 터닝포인트를 찾길 바라는 마음이야.

자신의 10대를 한마디로 정리한다면?

부모님 영향인지 평범하게 사는 게 죽어도 싫었다. 10대 후반에 진로에 대한 고민을 많이 했어. '커서 뭘 하지? 엄마, 아빠는 회사에 다니는데, 나는 뭘 하지?' 혼자 있는 시간이 많다 보니 엇나가기도 했지. 담배도 좀 일찍 배웠고. 아무튼 그러다 중학교 때 '은따'를 당했어. 누가 괴롭혀도 난 못 때리겠더라고. 때리면 그냥 맞았어. 부모님에게 얘기해봐야 마음만 아프니까 말도 못했고. 그렇게 중학교 시절을 우울하게 보냈다. 그 트라우마 때문인지 고등학교 가서는 내가 오히려 다른 애들을 괴롭히게 되더라. 웹툰 같은 데 보면 왕따 당했던 사람이 도리어 친구들을 괴롭히던데, 내가 그렇게 될 줄 몰랐어. 잘나가는 애들과 어울리면서 괜히 다른 친구들에게 욕하고 돈 빌려달라고 하고. 나중에 사과를 하긴 했는데 여전히 미안해. 시현이, 정민이, 동윤이, 규진이… 그 친구들이 날 많이 도와줬다. 친구들이 방송 나가거나 인터뷰하거든 자기들 얘기 많이 해달라고 한다.

그들에게 어떤 도움을 받았나?

잘될 거라고 말해준 친구, 안될 거라고 말해준 친구, 모두 고맙게 생각해. 잘될 거라던 친구들은 믿어줘서 고마워. 안될 거라던 친구들에게 고마운 건, 덕분에 악을 쓰고 더 열심히 하게 해줘서. 내 인생에서 대신고등학교 친구들은 특별해. 중학생 시절의 트라우마를 잊게 해줬어. 그 기억들 때문에 친구를 사귄다는 것 자체가 두려웠어. '내가 중학교 때 당했던 일들을 친구들이 알게 되면 어떡하지?' '찐따라고 싫어하면 어떡하지?' 그런데 이 친구들은 다 알면서도 항상 먼저 연락해줬어. 사소한 것 같지만 내게는 엄청 고마운 일이지. 물론 평소에는 이런 얘기 오글거려서 못해. 애들에게 고맙다고 하면 "네가 뭐 성공이라도 했냐, 새끼야" 이런다.

앞으로 어떤 음악을 하고 싶나?

제일 좋아하는 뮤지션들은 래퍼가 아니야. 위켄드(The Weeknd), 포스트 말론(Post Malone), 저스틴 비버(Justin Bieber). 내게 음악이라는 게 뭔지 제대로 알려준 기정이라는 친구가 있어. 그 친구가 "너랑 나랑은 사실 모든 음악을 좋아하는데, 할 수 있는 게 랩이라서 랩을 하는 거"라고 말하는데 맞는 것 같아. 내가 고음이 잘 안 올라간다. 어떻든 랩에 국한하지 않고 여러 음악을 듣고 거기서 영향을 받아. 아트워크, 뮤직비디오 촬영에도 관심이 많고. 내 사운드클라우드 계정이나 페이스북에 올리는 아트워크는 박보정이란 친구가 다 만들어준 거야. 그런 친구들과 함께 빈지노의 IAB스튜디오 같은 크루를 만들고 싶어. 나중엔 옷도 한번 만들어보고 싶다.

앞으로의 랩 가사에 평생 쓰고 싶은 단어를 세 가지만 고른다면?

미래, 서울, 나. 꿈이 없는 사람에 대해 쓰고 싶고, 내가 사는 도시에 대해 쓰고 싶고, 나 자신에 대해 쓰고 싶어. 랩이라는 건 어차피 나에 대한 이야기니까.

가장 가까이 있는 꿈과 가장 멀리 있는 꿈은 무엇인가?

가장 빨리 이루고 싶은 꿈은 멜론 차트 100위권 진입. 아니면 내 이름으로 콘서트 하는 거. 최종 목표는 조이 배드애스(Joey Bada$$)의 '프로에라'(Pro Era) 팀에 들어가는 거야. 예전엔 랩을 한다고 하면 사람들이 "네가 무슨 래퍼냐, 노래방 래퍼 아니냐"라고 했는데 여기까지 왔잖아. 대단찮지만 내 인생에서 쌓은 커리어로는 제일 큰 거니까. 공부로도 3등을 못해봤는데 ‹고등래퍼› 지역 예선에서 3등을 했으니까. 아무것도 없던 놈이 여기까지 혼자 열심히 온 게 대견하다고 생각해. 그래서 꿈을 엄청 크게 잡았다. 꿈이니까 남들이 비웃고 삿대질할 수 없잖아. 박재범이 락네이션(Roc Nation)에 들어갈 줄 누가 알았겠어. 조이 배드애스가 그렇게 될 줄 누가 알았겠어. 켄드릭 라마(Kendrick Lamar)가 이렇게 될 줄 누가 알았겠어. 총 쏘다가 감방에나 갈 줄 알았지.

랩네임은 뭔가?

어울릴만한 이름을 못 찾았어. 3개월간은 '치매'였어. 치맥을 좋아해서. 친구들이 무슨 치매냐고, 치매 걸렸냐고 엄청 놀렸다. □

신상호 D.Sanguh

서울 서부이촌동 출생. 중학생 때 처음 접한 재지팩트의 영향을 받아 재즈와 R&B가 접목된 힙합 음악을 만든다. 랩네임 '딥상어'와는 달리 위협적이지 않은 힙합 음악을 추구한다. 서부이촌동, 여자친구, 더운 여름날 등 일상적인 소재를 가사에 담는 편이다. 사운드클라우드에 '딥상어'라는 이름으로 9곡을 발표했다.

인스타그램: plz_dsanguh

사운드클라우드: nz4mcweyi4gq

신상호
랩네임: 딥상어(D.Sanguh)
- 1999년 서울 출생
- 서울 용강중학교 졸업
- 서울 용산고등학교 졸업

Ye I'm livin' on journey
위에 서 있는 젊은이
어깨 위에 짐!이
나는 필요해 쉼!이
I don't know how to go
나를 막아서 늪이
벙거지를 쓴 탐험가 정체는 me
성공이란 열쇠를 찾아가는 길은 멀어
가끔 비바람 속에 왼쪽 다리를 절어
걸어가지 사막 같은 여름 속을 건너
Sometimes it looks like an illusion
일단 걸어가 한참
멀리 보이는 downtown
뛰었지 반나절이 지난버린 시간 속에 헤매 도착한 입구 앞
만났지
이름이 같은 친구와
일단 let's go on journey with me (with me)
다 쓸어버렸지 실패까지
우린 시작인데 어쩔 거냐 bro
일단 여기부터가 내 첫 장이야

설마 이름이 '상호'라서 랩네임이 '딥상어'인가?

맞아. 친구들이 '상호야, 상호야' 하다가 자연스럽게 별명이 상어가 됐어. 상어라고만 쓰기엔 랩네임이 너무 밋밋해서 앞에 뭔가 붙여야겠더라고. 『원피스』라는 만화에 보면, 이름 앞에 알파벳 D를 붙인 캐릭터들이 있잖아. 나도 D를 붙이려고 했는데 발음이 이상해서 '딥'을 붙인 거야.

음악은 언제부터 시작했나?

사촌 형이 힙합 음악을 좋아했어. 형 따라서 일곱 살 무렵부터 음악을 들었다. 그때는 크리스 브라운(Chris Brown)을 제일 좋아했어. 중2 때 재지팩트와 빈지노 음악을 듣고부터 가사를 써보고 싶다는 생각이 들었고. 그때의 영향인지 R&B나 재즈가 섞인 힙합 음악을 만든다.

주로 쓰는 가사의 주제는?

다들 돈에 대한 이야기를 많이 하는데, 나와는 안 맞는 것 같아. 나는 그냥 일상 속에서 쉽게 느끼는 것에 대해서 쓴다. 내 사운드클라우드에 날씨가 더워서라는 곡이 있어. 에어컨을 틀어도 더위가 가시지 않는 여름날에 대한 이야기야. 대개 그런 것들이지.

힙합 음악을 한다고 했을 때 집안의 반대는 없었나?

큰 반대는 없었어. 오히려 부모님 지인들이 '음악 잘하는 애들 너무 많다, 네 아들이 얼마나 하는지 모르지만, 혹시라도 잘 안되면 어떡하냐'는 식의 얘기를 많이 하셨어. 아빠는 괜찮다고 했지만 솔직히 그런 말을 들으면 걱정이 앞서겠지. 안될 거라던 사람들에게 무엇이든 보여주고 싶었어. 〈고등래퍼〉 덕분에 반응이 좀 달라진 것 같긴 해.

음악을 안 했다면 어떤 꿈을 꾸고 있었을 것 같나?

초등학교 때 처음 꿨던 꿈은 온천 사장이었다. 부모님 따라서 온천 가는 걸 좋아했거든. 그런데 돈이 너무 많이 들겠더라. 다시 찾은 두번째 꿈은 고고학자였어. 『피라미드에서 살아남기』라는 책을 읽어보니 고고학자도 꽤 재미있는 직업 같았다. 그런데 공부할 게 너무 많아서 또 포기. 어느 순간 음악하는 게 세번째 꿈이 됐어.

학교에서 배운 게 있다면?

학교를 어떻게 받아들이는가는 본인이 하기 나름인 것 같아. 나는 학교 안에서 음악에 도움될 거리를 계속 찾았어. 예컨대 영어 수업에서 어떤 지문을 읽어야 한다면, 그 안에서 가사에 담을 만한 단어나 문장을 찾는 거지. 그런 식으로 학교 수업을 이용했던 것 같아. 사실 수업 자체보다는 선생님들 이야기에서 얻은 게 더 많아. 아무튼 그런 면에서는 도움을 얻었다고 할 수 있어.

또래 친구들 중 원하는 꿈을 찾은 이들이 있나?

거의 없어. <고등래퍼>에 나가고부터 '나는 하고 싶은 게 없는데, 어떻게 너처럼 하고 싶은 걸 찾을 수 있냐'고 물어보는 친구들이 정말 많았다. 아직 꿈을 못 찾았거나, 꿈이 있어도 계획을 세우지 못한 경우가 대부분이야. 운동이나 음악하는 애들 말고는 정말 드물다고 봐도 돼.

또래 친구들이 왜 힙합에 열광한다고 생각하나?

힙합은, 일반적으로 우리가 지켜야 하는 '선'을 벗어난 음악이라고 생각해. 한창 반항심이 많은 나이대의 애들에게 그 점에서 공감을 사는 것 같아. 그냥 신나고, 멋있어 보여서 그런 것 같기도 하고.

지금 가장 멋있다고 생각하는 힙합 뮤지션은 누구인가?

트래비스 스콧(Travi$ Scott)에 관심이 많아. 힙합의 룰을 깨는 사람을 좋아해서. 그의 음악은 어떤 장르로 칭할 수가 없어. 그냥 그 사람 자체야. 정체성이 너무 뚜렷해서 스스로 장르가 되는 거지. 드레이크(Drake)와 켄드릭 라마도 최고야. 새 앨범이 나올 때마다 충격을 받아. 좋기도 하지만 '나는 지금 뭐 하는 거지?'라는 생각이 들기도 해.

좋아하는 것과 싫어하는 것으로 자신을 설명한다면?

버스 여행을 좋아해. 심심할 때 아무 버스나 타고 종점까지 다녀오는 게 취미야. 거기서 어떤 영감을 받아서 가사를 쓰려고 한다는 건 억지고, 그냥 아무 생각 없이 갔다가 아무 생각 없이 돌아와. 싫어하는 건 '부정적인 생각'. '나는 지금 그럴 환경이 안 돼서 못하고 있어' '지금은 이럴 시기가 아니라서 안 돼'라고 생각하는 친구들이 많아. 예전엔 나도 많이 가졌던 생각이지만, 언젠가부터 환경 탓하는 게 싫어졌다. 그런 걸 이겨낸 사람들한테 예의가 아닌 것 같아서.

언제 그런 부정적인 생각을 많이 했나?

초등학교 때. 엄청나게 뚱뚱했다. 애들이 매일 돼지라고 놀려도 나는 원래 이러니까 어쩔 수 없다고 생각했어. 그러다 어느 순간 내가 너무 실망스러웠다. 6학년 때부터 작정하고 살을 뺐어. 쉬는 시간마다 운동을 했지. 3개월 만에 18kg를 뺐어. 자연스럽게 자존감도 올라오면서 뭐든 시작만 하면 할 수 있겠다는 생각이 들었다.

롤모델이 있나?

딱히 없어. 켄드릭 라마를 따라 한다고 해도 그 사람이 되진 못하잖아. 그는 진짜고 나는 가짜니까, 진짜를 따라가려고

신상호

**"가사에 공을 들이는 편이야.
아무리 음악이 좋아도 가사가 후지면
그냥 '랩만 잘하네'가 돼.
랩을 잘하는데 곡에 서사까지 있잖아?
그럼 계속 듣게 돼."**

최선을 다한 가짜밖에 안 되잖아. 일단 내 걸 찾으려고.

어른이 되어도 절대 하고 싶지 않은 게 있나?

누군가가 실현 불가능해 보이는 선택을 했을 때, 함부로 판단하고 조언하려고 들지 않을 거야. 그리고 절대 게을러지지 않았으면 좋겠어. 스무 살이 되면 술 먹고 놀겠다는 애들이 많은데, 나는 더 부지런해지고 싶어. 원래 태평하게 놀기만 하는 성격이 아니라 그럴 일은 없겠지만.

가장 가까이 있는 꿈과 가장 멀리 있는 꿈은?

가장 가깝게는 유명해지는 것. 그래서 하고 싶은 스타일의 음악을 하면서, 괜찮은 뮤지션들과도 같이 작업해보는 거야. 이런 꿈은 가까이 있다고 생각해야 이뤄질 것 같아. 가장 멀리 있는 꿈은 '그래미 어워드'(Grammy Awards) 무대에 서는 거. 상을 타면 제일 좋겠지만, 그냥 거기 사람들이 내 음악을 듣기만 해도 좋겠어.

어떤 음악을 하고 싶나?

내 음악을 듣는 사람들의 눈과 머리에 영상이 그려지면 좋겠어. 이센스(E SENS) 음악을 듣고 내가 그랬거든. 음악을 듣는데 그가 살아온 여정이 보이는 거야. 소름이 돋았어. 나도 그런 음악을 만들고 싶다. 그래서 가사에 공을 들이는 편이야. 아무리 음악이 좋아도 가사가 후지면 그냥 '랩만 잘하네'가 돼. 랩을 잘하는데 곡에 서사까지 있잖아? 그럼 계속 듣게 돼.

음악 외에 관심을 갖고 있는 건?

사실 뮤지션 다음으로 꾸는 네번째 꿈이 있어. 환경학자가 되는 거. 환경에 관심이 많아서 시간 날 때마다 관련

책을 들여다봐. 여름은 너무 더워졌고, 겨울은 너무 추워졌잖아. 일단 내가 할 수 있는 걸 최대한 하는 중이야. 분리수거를 하고, 에어컨과 보일러의 적정 온도를 맞추고, 가전제품 사용 빈도를 줄이고, 이런저런 환경 이슈를 찾아 공부하고…. 사실 학자가 되는 건 무리겠지만, 어떤 식으로든 계속해서 이야기를 꺼내고 싶다. '지구를 지키는 래퍼'도 나쁘지 않은 것 같다. □

방재민 A.mond

경찰·경호 쪽으로 진로를 꿈꾸었으나, 중학생 시절 안산에서 열린 일리네어레코즈와 저스트뮤직의 합동 공연을 본 후 본격적으로 힙합에 뛰어들었다. ‹고등래퍼› 서울 강동 지역선발전에서 3위, 싸이퍼(Cypher) 대결에서도 3위를 기록해 '3등 전문'이라는 수식어가 붙었다. 아이돌을 연상케 하는 외모로도 화제를 모았다.

인스타그램: bang_a_mond

사운드클라우드: amond990326

방재민
랩네임: 에이몬드(A.mond)
– 1999년 경기도 수원 출생
– 안산 본오중학교 졸업
– 서울 한림연예예술고등학교 졸업
– 힙합 크루 '키프 클랜' 소속
– 힙합 레이블 '아메바컬쳐' 소속

유리 조각처럼 날카로운 말들이
퍼즐 조각처럼 날 맞춰가고 있지
쌓여만 가는 좋지 않은 말
풍선처럼 더 부풀어져 가
When I lose I win so I 참아
자물쇠로 걸어서 닫아
상처 주는 것보단 받는 편이 더
익숙해져버렸고 많이 담담해진 나
장미꽃이 피어 잎이 져버릴 때
물을 주어도 이미 늦었는데
When I was born I was so upset to mama
거절도 못하는 내가 한심해서 화나
괜히 소리 질러 나 좀 보라고
가시만 남은 장미 내 안에서 빼가줘
Look look look at me from you
한심하게 봐 나조차도 날
너조차도 날 그렇게 볼까
떠날까 봐 날 두려웠어 다
Look look look at me from you
한심하게 봐 나조차도 날
너조차도 날 그렇게 볼까
떠날까 봐 날 두려웠어 다
눈을 감았는데 눈을 뜬 것보다 더 환하고 밝네
난 누굴 위해 참는지도 모르겠어 이제
어차피 싫어한다면 알아서 떠나고
내가 붙잡고 뭐 별 지랄을 다 해도
돌아오지 않는다는 걸 알면서
고생하는 게 힘이 들기에

랩은 어떻게 시작하게 됐나?

중학교 3학년 때 매드클라운(Mad Clown)의 착해 빠졌어라는 곡이 나왔는데 애들이 다 그 랩을 따라 하는 거다. 같이 따라 부르면서 노는데 한 친구가 래퍼 형을 한 명 소개해줬어. 그 형한테 랩이 뭔지 물어보곤 했지. 그때만 해도 진로를 경찰·경호 쪽으로 생각하고 준비하고 있었어. 다들 고등학교 입시 준비하고 원서를 내던 무렵인데, 갑자기 확신이 안 생기는 거 있지. 때마침 안산에서 저스트뮤직과 일리네어레코즈의 합동공연이 열렸어. 엄마가 표를 사주셔서 그냥 보러 갔어. 도끼(Dok2) 말고는 누군지도 몰랐어. 근데 너무 멋있었다. 굶더라도 무조건 이걸 해야겠다 싶었지. 무턱대고 예고에 지원서를 넣었어.

어떤 점이 멋있었나?

모든 관객들이 노래를 열광하며 따라 부르는 거. 래퍼들이 하는 말도 다 멋있었다.

랩을 하는 데 있어 가장 큰 영향을 준 사람은 누군가?

유명한 뮤지션한테는 영향을 안 받아. 주변의 음악하는 친구들이 열심히 하는 모습에 자극을 많이 받지. 나도 저렇게 열심히 해야겠다는 생각.

어떤 친구들과 함께 음악을 했나?

중학교 때 랩하는 친구들과 모여 만든 크루가 있었어. '넓은 길'이라는 뜻의 와이드웨이라는 크루였는데, 나와 다른 친구 하나 빼고는 말 그대로 다 넓은 길로 가버렸어. 공부하겠다거나 미용을 배우겠다거나 다들 자기 진로를 찾아나갔지. 지금은 키프 클랜 소속이야. 〈고등래퍼〉 이후 (김)윤호의 권유로 들어가게 됐어. 각자 음악 성향이나

색이 다른 게 특징이야. 다들 멋있어.

직접 크루를 만든다면 모집 요건은 무엇인가?

일단 착해야 하고, 완성되지 않은 사람이면 좋겠어. 왜냐면 우린 모두 다 미완성이니까. 같이 성장해나가면 좋잖아. 그렇게 각기 다른 선과 색이 모여 한 장의 그림이 완성되는 거지. 그리고 약속을 지키는 친구, 책임감이 있는 친구면 더 좋겠어.

<고등래퍼>는 어떻게 나가게 됐나?

랩에 대한 지적을 많이 받아서 이걸 계속해도 되는지 확신이 없었어. 스스로 우물에 갇힌 것 같았고, 학교 밖에서의 자극을 통해 성장하고픈 마음이 컸어. 내 실력을 확인해보고도 싶었고. 그래서 나가게 됐어.

<고등래퍼> 이후 바뀐 게 있다면?

일단 성격이 많이 바뀌었지. 원래는 낯가림이 심해서 처음 보는 사람 앞에서는 한마디도 못했어. 근데 이제는 하는 일에 확신이 생기고 자신감이 붙어서인지 꽤 달라졌다. 잃은 건 하나도 없어. 오히려 얻은 게 너무 많아서 그것들을 잃어버릴까 봐 불안해.

자신의 10대를 한마디로 정리한다면?

별것 없어. 친구들은 나중에 10대 시절이 그리울 것 같다는데 나는 미련이 하나도 없고 그저 빨리 어른이 되고 싶기만 했어. 10대에겐 제약이 너무 많다. 안산에 사는데 학교는 송파에 있었어. 집에서 학교까지 1시간 반이 걸려. 통학시간 때문에 밤 늦게까지 연습하고 싶어도 못했어. 제대로 된 연습을 못하고 있다는 생각이 드니깐 늘 답답했다. 학교에서 랩을

"학교에서도 앞에서는 웃고 뒤로는
딴 얘기하는 애들이 버거워서 혼자가
편했어. 앞으로도 내가 원하는 친구들과
하고 싶은 음악을 할 거다."

배울 수 있는 것도 아니고. 보컬 수업시간에 차라리 가사를 쓰고 싶다고 해도 안 된다고 하니까. 미디도, 어느 정도는 할 줄 아는데 학교에서 배우는 건 기초뿐이고. 학교에서의 시간을 나름대로 잘 써보려고 했지만 힘들었어. 시간이 빨리 지나가면 좋겠다고만 생각했어.

살고 있는 지역을 소재로 곡을 만든다면?

3년 동안 똑같은 버스를 타고 통학했던 그 시간에 대해 쓰고 싶어. 똑같은 길을 오가다 보면 많은 생각이 든다.

지금껏 쓴 랩 가사 중 자신을 가장 잘 설명하는 구절은?

제일 마음에 드는 건 "유리 조각처럼 날카로운 말들이 퍼즐 조각처럼 날 맞춰가고 있지"라는 구절이야. 나를 향한 비난들을 상처로 받기보다는 날 구성하는 퍼즐 조각처럼 여긴다는 뜻이야. 그 비난들이야말로 나를 완성하는 요소가 아닐까. 사람은 비난을 받아야 더 완벽해지고 더 성장할 수 있다고 생각해.

그런 비난들 중 특별히 떠오르는 게 있나?

'얘는 힙합은 무슨, 아이돌이나 하지'라는 식의 댓글. 실력에 대한 비판은 당연히 받아들이고 나를 발전시키는 요소라고 생각해. 근데 내가 아이돌은 안 한다고 분명히 이야기했는데도 내 생각을 계속 비난하는 건 이해가 안 가.

실제로 아이돌 기획사에서 연락이 오지 않았나?

오히려 주변에서 '넌 아이돌 해라, 그게 더 잘될 것 같다'고 하니까 더 반항심이 생겨. '두고 봐라, 내가 아이돌 안 하고도 성공할 수 있다는 걸 보여주겠다'는 생각이 점점 커지는 거야. 자존심이지. 아이돌은 내 성격과 전혀 맞지 않아. 단체 생활을 엄청 힘들어하고 거기서 스트레스를 많이 받아. 학교에서도 앞에서는 웃고 뒤로는 딴 얘기하는 애들이 버거워서 혼자가 편했어. 앞으로도 내가 원하는 친구들과 하고 싶은 음악을 할 거다.

이상적으로 생각하는 래퍼가 있나?

스스로의 힘으로 열심히 해서 자기 회사를 차린 사람들은 하나같이 존경스러워. 그들도 나처럼 중고등학교 시절에 '랩을 할 거다, 뮤지션이 될 거다'라고 말했을 텐데 주변 사람들이 안 믿어줬을 거잖아. 그런데도 포기하지 않고 이룬 거니까.

앞으로의 랩 가사에 평생 쓰고 싶은 세 가지 단어를 고른다면?

말, 시선, 생각. 평소에 자주 쓰는 단어들인 것 같아. 사람들의 말을 여러 갈래로 해석해본다. 주변의 시선을 많이 신경 쓰는 편이다.

좋아하는 것과 싫어하는 것으로 자신을 설명한다면?

책을 좋아해. 랩 연습 없을 때는 항상 책이나 만화를 본다. 심리학 관련서도 좋아하고 시나 에세이도 읽어. 인간관계 때문에 힘들고, 꿈에 대한 확신이 줄어들 때마다 책에서 도움을 얻었어. 싫어하는 건 '빨리빨리'. 뭐든 급하게 진행되는 걸 싫어해.

랩네임은 뭔가?

처음엔 '아몬드'였어. 심심해서 친구랑 '아몬드가 죽으면 뭔지 알아?' '다이아몬드!'라는 썰렁한 농담을 주고받다가 생각한 거야. 랩네임을 '아몬드'로 하고 '다이아몬드' 같은 음악을 하나 남기고 죽자 생각했다. 그래서 페이스북 프로필에 'A mond'라고 적어놓았는데 사람들이 아몬드인지 에이몬드인지 헷갈린다는 거다. 사실 난 성격이 두 개야. 가까운 사람들과 있으면 날라리마냥 활발한데 처음 보는 사람 앞에서는 낯을 가리고 소심해. 그래서 내 캐릭터에 맞춰서 랩네임도 나눴어. 소심할 때의 모습은 아몬드, 자신감 넘칠 때의 모습은 에이몬드. 아몬드라는 이름으로는 부드럽고 말랑한 노래를 내고 에이몬드로는 자신만만한 곡을 내려고. 보통은 랩네임을 물어오면 에이몬드(A. mond)라고 해. □

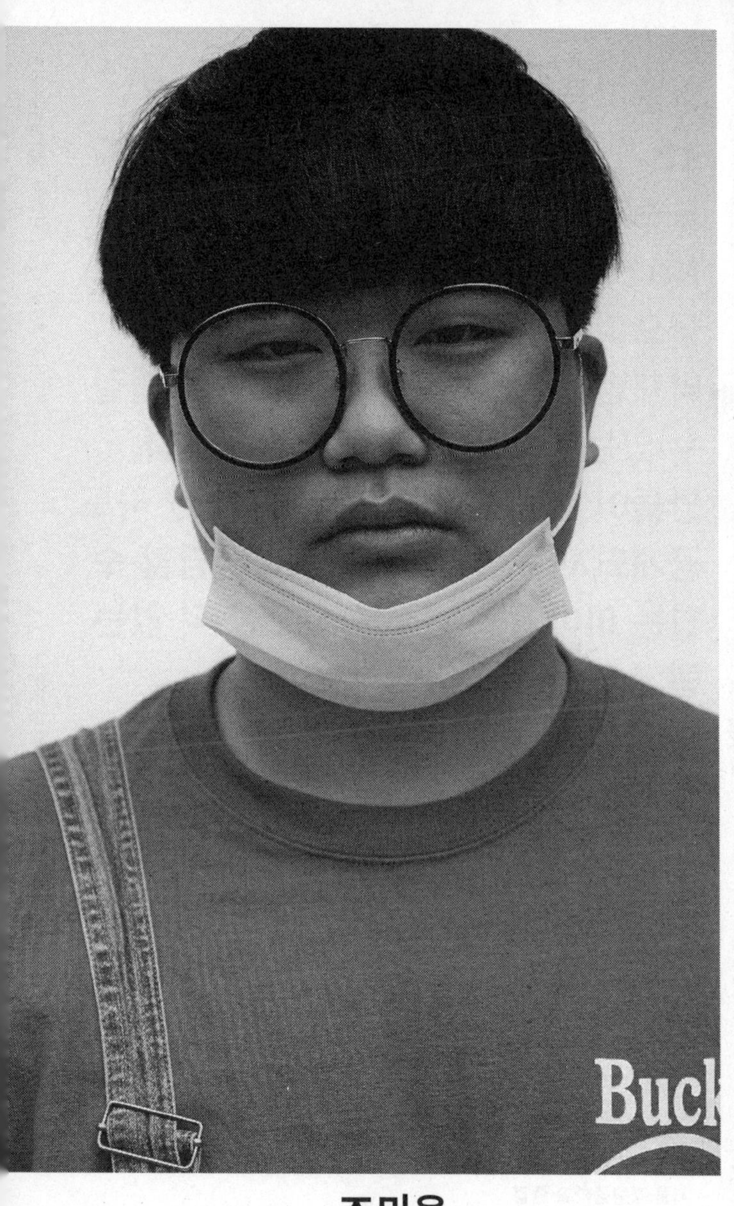

조민욱

상문고등학교 힙합 동아리 '흑락회' 18기 출신. 투팍(2pac)과 노토리어스 비아이지(The Notorious B.I.G.)의 음악을 들으며 랩을 시작했다. 현재는 박재범과 지드래곤 같은, 대중이 즐길 수 있는 스타일의 힙합을 추구한다. 만들어놓은 곡은 많지만, 아직 한 곡도 공개되지는 않았다. 모두가 공감할 수 있는 이야기를 누구도 시도한 적 없는 랩 스타일로 풀어내려고 한다.

인스타그램: naughty_boy_cho

사운드클라우드: z413z1hziv5h

조민욱
– 2000년 서울 출생
– 서울 경원중학교 졸업
– 서울 상문고등학교 졸업

제목 미정 by 조민욱

거리를 걸어도 느낌이 달라
이제 내 타임라인 빽빽해져만 가
참 웃겨 방송 한번으로 이렇게 변한다는 게
다음으로는 이제 모두 궁금해할 거야 내 한계를
이젠 내 prime time 보여줄 수 있어 five times
선천적 타이트함 쭉 뻗어 droptop
그냥 진짜 날 보여줘 필요 없어 이미지 세탁
젊게 살아 고현정 보여주는 내 vibe westside
센 척하는 rappers 그냥 가서 한대 툭
치면 날아갈 놈들이지 you can't mess with ma crew
언제나 겸손한 자세 처음처럼 해 보여 fresh
먼저 간 래퍼들처럼 보여줄 거야 내 class
Bad vibes lonely takin good vibes with me
이게 요즘 내 모토 그냥 즐겁게 사는 길이
내 앞에 있단 걸 알고 거길 걸어가고 있어
꿈꿔왔던 나와 점점 닮아가고 있어

Yeah 생각 없이 살아 또
배가 고프건 말건 전혀 상관없어
사실 거짓말 밥 없이는 못 살아 또
근데 돈 여자 그건 아냐 아무것도
Move to the left 잡생각은 버리고서
Move to the right 내 느낌만 가지고서
Move to the left 잡생각은 버리고서
Move to the right 내 느낌만 가지고서

요즘 애들과는 다른 길을 가고 싶어
나 같은 날 보여주고 사랑받고 싶어
남의 길 따라가는 건 불쌍해 보여
그래 그런 애들은 결국 전부 뒤에 고여

내 무기는 rapping 뱉어대 rap all day 배웠네
선배들의 스킬들만 챙겨내
게워내 게워내 내 삶을 데워내 따라가는 놈들은
내 걸 절대 못 베껴내
매 순간을 즐겨 매일이 내 vacay yeah
최고라 생각했을 때 난 그냥 애였네
그런 거 상관없이 즐기며 해보려 해
거짓말 같은 거 안 해 나 진짜 매일매일 해
남들 까는 건 싫어 사랑을 노래하고 싶어 긍정적인 생각
Takin good vibes with me
내 것을 하고 성공해서 잘살고 싶어 이제 충분해
좋은 사람들과 chillin man

Yeah 생각 없이 살아 또
배가 고프건 말건 전혀 상관없어
사실 거짓말 밥 없이는 못 살아 또
근데 돈 여자 그건 아냐 아무것도
Move to the left 잡생각은 버리고서
Move to the right 내 느낌만 가지고서
Move to the left 잡생각은 버리고서
Move to the right 내 느낌만 가지고서

어릴 때부터 힙합 음악에 관심이 있었나?

전혀. 중학교 때까지는 축구를 제일 좋아했어. 그런데 고등학교에 가니까 진짜 운동선수가 될 애들만 축구부에 있더라. 축구 대신 해볼 만한 동아리 리스트를 보다가 '흑락회'라는 이름을 발견했어. 이름이 신기해서 찾아보니까 흑인음악 동아리였다. 검을 흑(黑), 즐길 락(樂), 무리 회(會), '흑인 음악을 즐기는 무리'라는 뜻이지. 내 생각에는 좀 대충 지은 이름 같아. 중요한 건 거기 들어가면 여자들한테 인기가 많아진다는 거야. 바로 신청했지. 바비(BOBBY)의 랩을 외워서 오디션을 봤어. 그해 〈쇼미더머니3〉가 방송됐는데, 그 시즌 우승자였던 바비가 한국 최고의 래퍼인 줄 알았거든. 아무튼 그렇게 들어갔는데 래퍼가 되려면 가사도 직접 써야 한다는 거야. 그래서 쓰기 시작했어. 음악하려고 동아리에 들어간 게 아니라, 동아리 활동을 하다 보니까 빠져서 지금까지 음악을 하고 있는 셈이지.

실제로 여자한테 인기가 많았나?

나중에야 알았어. 흑락회에 들어간다고 인기가 생기는 게 아니라, 잘생긴 사람이 흑락회에 들어가야 인기가 생긴다는 거.

음악을 해보니까 재능이 있는 것 같았나?

재능은 잘 모르겠는데 열심히 하고 있긴 해. 뭘 하든 공부를 같이하는 편이야. 음악 작업도 그렇게 하고 있고. 켄드릭 라마 앨범이 나오면 듣고 '오, 좋네!' 하고 마는 게 아니라 왜 좋은지를 연구해.

학업과 음악을 병행하기 쉽지 않았을 텐데?

고등학교 1학년 때까지는 공부를 잘했어. 공부를 메인으로 열심히 하고, 음악은 조금씩 했어. 근데 그게 잘 안됐다.

말이 쉬워 병행이지 공부는 공부대로 처지고, 음악은 당연히 전업으로 하는 친구만 못하고…. 지금은 음악만 열심히 한다. 사실 우리 학교가 음악을 하기에 좋은 환경이 아니야. 제약이 많아. 웃긴 게, 힙합 동아리는 있는데, 공연을 하면 생활지도부에 잡혀가. 공연한 것 자체는 벌점 조항에 없는데도 어떤 이유든 만들어서 끼워 맞춰. 심지어 3학년이 되면 동아리 활동이 아예 금지야. 그래서 몰래들 하고 있어.

〈고등래퍼〉에 나가게 된 계기는 무엇인가?

가벼운 마음으로 애들이랑 놀려고 나간 거야. 막상 가보니까 생각보다 스케일이 컸다. 이렇게 화제가 될지도 몰랐고. 사실 나는 처음에 탈락했다가 다시 붙었어. 떨어지고서 기분 전환하려고 PC방에서 친구들과 게임 하는데 갑자기 작가님한테 전화가 왔어. 방송에 필요하다면서 지원 동기를 써달래. 떨어졌는데 지원 동기라니, 너무 귀찮잖아. 그래서 '친구들과 좋은 추억을 만들고 싶다'고 대충 썼어. 지금 와서 생각해보니까 정말 좋은 추억이 됐어.

〈고등래퍼〉로 바뀐 게 있나?

잠깐 주목받기는 했지만, 크게 달라진 건 없는 것 같아. 방송에 나가니까 인터뷰도 하고, 알아보는 사람도 있고, 피처링 제의도 들어오고. 그런 것 빼곤 그대로야.

지금껏 쓴 랩 가사 중 자신을 가장 잘 설명하는 구절은?

"아이오아이도 만나야 해". 아이오아이(I.O.I)를 되게 좋아했다. 스스로에게 가장 솔직했던 구절이야.

좋아하는 것과 싫어하는 것으로 자신을 설명한다면?

요즘엔 트와이스가 더 좋더라. 그리고 강아지를 좋아해.

"'이 사회는 망했어' '랩으로 세상을 바꿀 거야' 식으로 싸우려고 드는 건 내 취향이나 성격이랑 안 맞아. 재미있고, 모두가 즐거운 음악이 좋다."

두 마리를 기르고 있어. 사람 만나는 것도 좋다. 싫어하는 건, 잘못을 인정하지 않는 사람. 잘못할 수는 있어. 그런데 미안해하지 않고 뻔뻔한 건 정말 싫어.

랩으로 하고 싶은 이야기가 있나?

'이 사회는 망했어' '랩으로 세상을 바꿀 거야' 식으로 싸우려고 드는 건 내 취향이나 성격이랑 안 맞아. 재미있고, 모두가 즐거운 음악이 좋다. 딱히 거대한 야망이 있는 것도 아니야. 좋아하는 거 하면서 행복하게 살고 싶고, 돈도 많이 벌고 싶어. 되도록 밝고 즐거운 얘기만 하고…. 대신 그런 것들을 트렌디한 음악으로 풀어내고 싶다.

요즘에는 주로 어떤 가사를 쓰나?

‹고등래퍼› 끝나고부터 한동안 써놓은 가사를 보면 꿈에 대한 얘기가 많아. '성공할 거다' '이게 내 꿈이다' 식의. 그런데 음악을 처음 시작하는 사람들 곡을 들어보니까 나랑 다를 게 없는 거다. 이제는 다른 사람이 안 하는 얘기를 쓰려고 해. 사실은 소재 자체보다는 어떻게 풀어내느냐가 더 중요한 것 같아.

앞으로의 랩 가사에 평생 쓰고 싶은 세 가지 단어를 고른다면?

'연예인'. 좋아하는 연예인은 항상 있으니까. 아마 죽을 때까지 있겠지. 그리고 돌아다니는 걸 좋아해서 '여행', 마지막으로 '예쁜 여자'.

롤모델이 있나?

지드래곤, 박재범, 저스틴 비버. 스타가 되고 싶어. 좋아하는 뮤지션 물어보면 어디 영국 시골 구석의 아무도 모르는 아티스트 이야기하는 사람 있잖아. 그런 거 싫어. 그냥 지드래곤이 멋있고, 그렇게 되고 싶다.

오늘 입고 온 스타일을 설명해준다면?

이 오버올은 동묘시장에서 1만5000원 주고 산 거고, 신발은 방송 때 협찬받은 아디다스 스탠스미스. 티셔츠는 인터넷 쇼핑몰에서 샀어. 마스크는 기관지가 안 좋아서 썼다. 병원에서 마스크를 계속 쓰라고 해서. 왠지 '홍대충' 같고, 겉멋 부리는 것 같아서 안 썼는데, 요즘은 미세먼지가 너무 심해서 안 되겠더라. 쓰고 다니다 보니까 또 괜찮아 보이는 것도 같고.

지금 가장 이루고 싶은 목표는 뭔가?

나다운 곡을 내는 거. 아직 사운드클라우드에 업로드 한 곡이 하나도 없어. 정말 괜찮은 곡이 많아졌을 때 올리고 싶어. 제일 무서운 게 노래 하나 올리거나 방송 한 번 나갔는데 갑자기 너무 잘되는 거. 진짜 위험하다고 생각해. 뒤가 없잖아. 준비가 됐을 때 내고 싶어.

지금 음악을 하는 가장 큰 이유는?

하는 것 중 제일 재미있어서. □

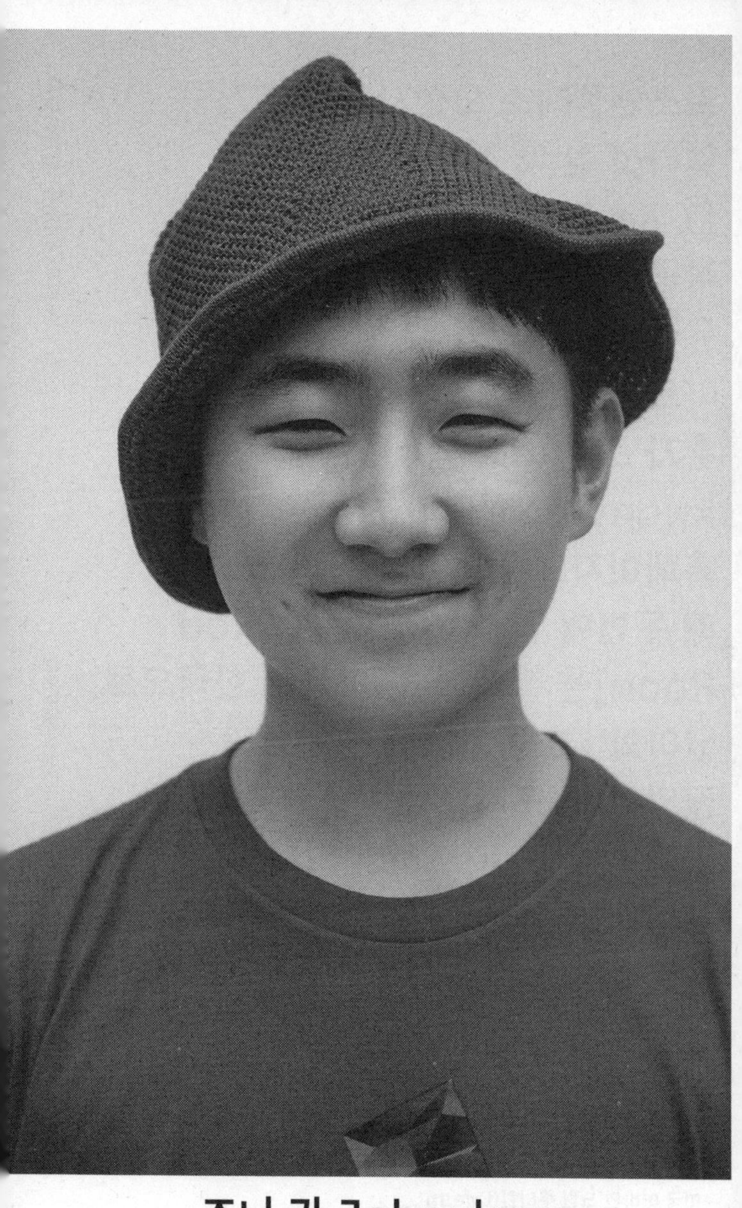

조니 권 Johnykwony

로스앤젤레스 오렌지카운티 거주. 열다섯 살 때 첫번째 싱글 앨범 [I Am Johny]를 발표했다. 작곡부터 녹음, 믹싱, 마스터링, 뮤직비디오 촬영 및 편집, 앨범 아트워크, 발매와 유통까지 혼자 도맡았다. 'johny-kwony.com'이라는 1인 기획사 겸 홈페이지도 만들었다. 열여섯 살 때 두번째 앨범 [Jonhy's Red Room]을 발매했고, 이듬해 한국으로 날아와 ‹고등래퍼›에 출연했다. 끊임없이 '조니(자신)'를 드러내는 곡을 만들고, 배포하고 있다.

인스타그램: johnykwony

사운드클라우드: johnykwony

조니 권
랩네임: 조니쿼니
(Johnykwony)
– 2000년 서울 출생
– 중국 천진 남개 중학교 졸업
– 미국 어바인 크린 루터런(Crean Lutheran) 고등학교 재학
– 2016년 믹스테이프 [Tracklist] 발매

진심은 통한다고 모두가 말해
친구들은 사람 일은 모른다 해
이 노래가 네 귀에 닿기를 바래
빨간 내 마음이 터지길 바래
Imma try to be humble like you
Wanted me to be
빨간 구름의 희망을 믿어
조금만 기다려
My name is johnny 틀으며 샤방
난 뭘 더 바라겠어 ye
진심은 통한다고 모두가 말해
친구들은 사람 일은 모른다 해
이 노래가 네 귀에 닿기를 바래
빨간 내 마음이 터지길 바래

빨간 맛 빨간 맛
빨간 맛 듣고 조니랑 놀아요
빨간 맛 빨간 맛
빨간 맛 듣고 조니랑 달려요
빨간 맛 빨간 맛
빨간 맛 듣고 조니랑 사랑을 해요

namco
TIME CRISIS
namco

음악은 언제부터 시작했나?

정확히는 모르겠어. 혼자서 가사를 쓰고, 음악을 만들기 시작한 건 2016년부터.

처음 만든 곡은 어떤 내용이었나?

조니쿼니1이라는 곡인데, 미국 로스앤젤레스에 살면서 느낀 걸 쓴 곡이다. 믹싱이나 마스터링이 뭔지도 모를 때였는데, 무작정 인터넷에서 배워가면서 만들었어.

음악을 시작하는 데 가장 결정적인 영향을 끼친 뮤지션은 누구인가?

2010년에 에미넴(Eminem)의 Without Me를 처음 들었다. 듣자마자 나도 음악을 해야겠다고 생각했어. 음악은 그냥 재미있어서 해. 좋은 음악을 많이 만들고 싶고. 딱히 다른 이유는 없어.

지금 제일 좋아하는 뮤지션은 누군가?

지금은 없어. 직접 음악을 만들다 보니, 뮤지션이라면 누구에게나 관심을 가져줘야 한다는 생각이 든다. 플레이리스트도 따로 없어. 음원 사이트에서 그날 새로 나온 곡을 다 들어봐. 집중해서 안 듣더라도 틀어놔. 그러면 그 곡을 만든 사람에게 음원 수익이 돌아가잖아. 다 같이 행복하자고. 물론 내 것도 틀어놓지.

부모님의 반대는 없었나?

원래 엄청 싫어하셨어. 요즘은 그래도 조금씩 풀리는 것 같긴 해. 어쨌든 음악하는 데에 부모님 도움이 필요한 건 아니라서 큰 상관은 없어.

부모님이 바랐던 직업은 뭔가?

요즘엔 모르겠어. 예전에는 의사.

<고등래퍼>에 나가게 된 계기는?

나를 알리고 싶어서. 지원 동기에는 "내가 만든 곡 My Name Is Johny의 열풍을 일으키기 위해서"라고 썼어. 진짜 그 곡을 길에서 듣고 싶었다.

<고등래퍼>를 나간 후 어떤 변화가 생겼나?

그 프로그램 덕분에 확신을 갖게 됐지. 그리고 옷장이 넉넉해졌어. 옷을 많이 받기도 하고, 사기도 했어. 특히 빨간 팬티를 엄청나게 받았어.

팬이 많이 생겼나?

팬보다 팬티가 많이 생겼다.

랩을 통해서 진짜 말하고 싶은 건 뭔가?

직접 경험하고 느끼는 것만 써. 그래서 스펙트럼이 좁다는 말도 듣는데, 내 얘기가 아닌 건 안 써지더라. 어젯밤에는 빨간 아이폰을 사기 위해 돈을 많이 벌겠다는 가사를 썼어.

지금껏 쓴 랩 가사 중 자신을 가장 잘 설명하는 구절은?

"다재다능한 조니". 왜냐하면 난 정말 다재다능하거든. 노래도 만들지만 영상도 만들어. 사진도 직접 찍고. 음악이 어떻게 '보이는지'에 대해서도 중요하게 생각하기 때문에. 음반 아트워크에도 관심이 많아서 이것저것 시도해보고 있어.

**"직접 경험하고 느끼는 것만 써.
그래서 스펙트럼이 좁다는 말도 듣는데,
내 얘기가 아닌 건 안 써지더라."**

곡을 들어보니 가사에 '조니'가 많이 나오던데, 자존감의 표현인가?

나를 그렇게 사랑하는 건 아니고. 사람들에게 내 이름을 각인시키려고 하는 거야. 고성능 헤드폰으로 들어보면 내 이름이 미세하게 또 들릴 거야. 녹음할 때 소리를 엄청 압축시켜서 뒤에 깔아놓은 거지. 과학적으로 효과가 있대.

좋아하는 것과 싫어하는 것으로 자신을 설명한다면?

빨간색은 뭐든 좋다. 태어날 때부터 좋아했어. 태어나서 처음 찍은 사진을 보면 빨간 모자를 쓰고 있어. 그리고 태극기. 세계 어딜 가든 한국인이라는 뿌리가 중요하다고 생각해. 어두운 걸 싫어해. 어두운 색도 안 좋아하고, 그런 음악도 안 좋아해. 어둡고, 싸우는 듯한 힙합 음악은 별로. 밝고 통통 튀는 게 좋다.

앞으로의 랩 가사에 평생 쓰고 싶은 세 가지 단어를 고른다면?

조니, 레드, 애국정신. 미국에 사는 교포 2~3세 중에 스스로를 백인으로 생각하고 한국인이나 동양인을 자기 아래로 보는 애들이 있어. 좀 이상하더라. 주변에도 그런 친구들이 있어. 그런 생각을 바꾸고 싶어.

학교에서 배운 건 무엇인가?

학교에서 배운 건 공부. 음악하기 전까지는 공부 잘했어.

어른이 되어도 절대 하고 싶지 않은 게 있나?

길에서 침 뱉는 거. 술이랑 담배도 평생 안 할 거야. 몸이 망가지니까. 한 번도 해본 적 없어.

가장 가까이 있는 꿈과 가장 멀리 있는 꿈은 무엇인가?

가장 가까이 있는 꿈은 기부. 에이즈 환자를 돕는 '레드'라는 단체가 있어. 다음 공연비가 들어오면 거기에 기부하려고. 가장 멀리 있는 꿈은 남북통일이지.

롤모델이 있나?

예수님. 교회는 안 다녀. 혼자서 믿음을 갖는 거지. 미션스쿨이라 교회를 따로 갈 필요도 없고. □

2

경인 동부 경인 서부

I P M

Wes
WIDE OPEN OUTDOORS
YAMAHA

GIANTS

NASTY KICK
MACH

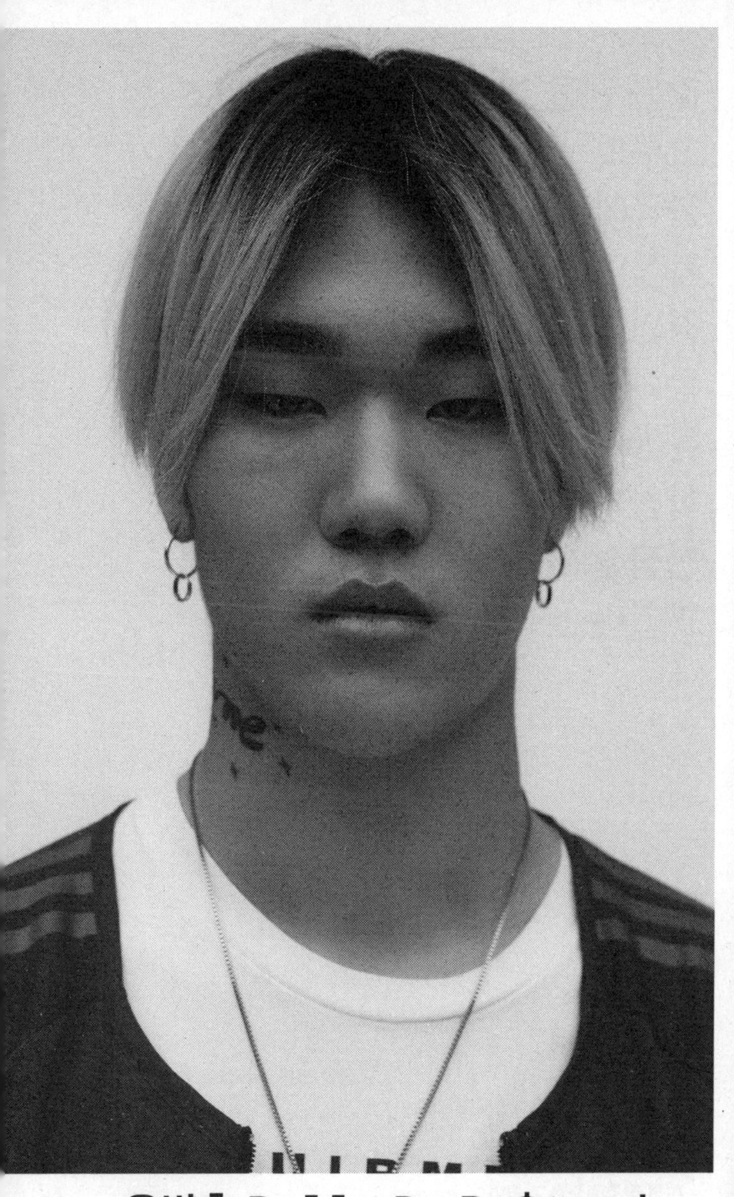

윤병호 Bully Da Ba$tard

많은 팬을 거느리고 있는 딕키즈 크루의 멤버. ‹고등래퍼›에서 “제가 한국에서 랩 제일 잘합니다”라는 자신만만한 멘트로 유명세를 치렀다. 경인 동부 지역선발전을 3위로 통과했다. 날카롭고 찰진 래핑으로 유명하다. ‹고등래퍼2›에서는 학창시절 학교폭력의 트라우마를 진정성 있게 랩에 녹여내 호평을 받았다.

인스타그램: dickidsbullydabastard

사운드클라우드: bullydabastard

윤병호
랩네임: 불리 다 바스타드(Bully Da Ba$tard)
– 2000년 경기도 하남 출생
– 이천 장호원중학교 졸업
– 이천 부원고등학교 중퇴
– 힙합 크루 ‘딕키즈’ 소속

비 by 윤병호

계속 비가 내려 내 마음을 아는 듯
마음을 아는 듯 마음을 아는 듯
계속 비가 내려 내 마음을 아는 듯
마음을 아는 듯 마음을 아는 듯
계속 비가 내려 내 마음을 아는 듯
마음을 아는 듯 마음을 아는 듯
계속 비가 내려 내 마음을 아는 듯
마음을 아는 듯
그냥 생각이 바뀌어서 살아 있어
근 며칠 간의 남은 선
끊어진 인간관계는 약에 취해서
아니면 영화처럼 취해서
가장 소중한 건 당연하기 일쑤
잃기 전까진 가슴에 꽂는 비수
돌아가기엔 목적지가 멀어 보여서
진심이 닿기엔 비춰진 모습이
흉해 보였어
나도 날 모르는데 걔넨 나를 알아
개처럼 버려졌지
이젠 누구 손을 잡아
2주치 안정제를
입에 털어넣고 살아
악마가 주인이 된 영혼이면
난 절대 못 팔아
다 그냥 털어내래
원래 인생은 괴롭대
살아봐야 죽을 텐데
왜 살아 되는 일 없게
어릴 때처럼
발악이라도 하는 거지 뭐
죽으면 썩는 몸

벌써 지금 내 마음까지도
I have to I have to I have to I have to
I have to I have to I have to I have to
I have to
계속 비가 내려 내 마음을 아는 듯
마음을 아는 듯 마음을 아는 듯
계속 비가 내려 내 마음을 아는 듯
마음을 아는 듯
여길 내려다보면 달라져 보여
화려한 듯 어두운 건 겉만 밝힌 조명
목사의 말이 가식일 정도로
속은 꼬여
난 모험할 돈을 뺏겨
떠나지 못한 탐 소여
개소리도 꾸준하면 명언이 된다지
애인같이 다가온 사관
꼬드겨 뱀같이
난 저지른 적 없어 반인륜적 행위
근데 살인마보다 많이 달린
날카로운 트윗이
내 속을 후벼 파고 견디기에 벅차
사실 죽고 싶기보단 살아 있기 겁나
재산은 가족뿐 부자만큼 남아줘
다신 꿈에서 깨기 싫어서
눈을 감았어
난 되물어
행복하고 싶던 게 큰 욕심인가
그저 인정을 바란 게
큰 욕심인가 그저 친구를 바란 게
그래도 해내야 해서 오늘도 발악해
I have to I have to I have to I have to

I have to I have to I have to I have to
I have to
계속 비가 내려 내 마음을 아는 듯
마음을 아는 듯 마음을 아는 듯
계속 비가 내려 내 마음을 아는 듯
난 바보가 맞아
그래서 아직
붙잡고 있는 거지 빌어먹을 가사
Want that twilight
로맨스 영화를 원해도
아직 현실은 바닥
타고난 거 하나 없이 I get it
잘난 거 없던 놈이 I get it
되지 않아 가족들의 짐이
벌어 벌어 벌어 벌어 미리 돈
선생님들 내가
안될 거라고 말했었잖아 what
동급생들 내가
XX 거라고 밟았었잖아 what
엄마 아빠 음악 같지 않은
음악 때려치라면서
근데 지금 대체 누가
제일 많이 벌어 done
잘 봐둬 난 ay
인생 반 꼴아박고 해내
Bully da Ba$tard ma name
왕따 9년 만에
조금이나마 빛 봤어
돈 되는 음악은 무슨 걍 다 까라 해
모가진 잘라도 무릎은 못 꿇려
닥치고 머리나 가져가 man

목걸이가 특이하다.

아는 형 건데, 그냥 내가 먹었다. 도금이야.

인스타그램 DM이 많이 온다던데?

욕도 많이 와. 같이 싸워. 답장으로 욕을 보내버려.

그러다 보면 곤란한 상황이 생기지 않나?

재밌잖아. 조용한 것보다 시끄러운 게 낫다.

항상 수위가 센 얘기를 하는데.

변태여서 욕먹는 게 재미있다. 물론 처음엔 상처도 받았지. 방송 나간 후에 욕하는 글이 99%였거든. '아, 씨발 이게 뭐지?' 싶었는데 하도 욕을 먹다 보니 이젠 '그래, 더 욕해봐라'는 생각이 들어. 근데 기왕 할 거면 인스타 DM으로 보내지 말고 어디 공개게시판에 글로 써줬으면 좋겠어. 그래야 내 몸값이 올라가지. 나 그냥 꼴통이야.

"제가 한국에서 랩 제일 잘합니다"라고 말해서 욕을 먹었다.

그런 생각을 하지 않으면 랩을 잘할 수 없어. 그 멘트 때문에 '힙합 중2병'이라는 별명도 생겼지만 신경 안 써. 욕하는 사람이 더 바보 아닌가? 어떻게 스스로 최고라는 생각도 없이 최고가 돼? 중2병 같은 얘기를 하나 더 하자면 난 매일 아침마다 거울 보고 '여기 최고가 있네' 하고 스스로 졸라 세뇌시켜. 왜냐면 난 모자라니까.

〈고등래퍼〉에는 어떻게 나가게 됐나?

사실 진짜 싫었다. 〈고등래퍼〉는 내가 아는 힙합의 모습이 아니었어. 믹 밀(Meek Mill) 같은 래퍼가 졸라 빡세게 랩하는 걸 멋있다고 생각해왔는데 고등학생들이 교복 입고 나와서 랩을 한다니, 너무하잖아. 투팍이 살아 있었다면 아마 빰을 때렸을 거다. 근데 주위에서 나가야 한다고, 일단 나가면 삶이 바뀔 거라는 거야. 무엇보다 딕키즈 크루의 (양)홍원이 형이 나가보라고 말한 게 컸어. 결과적으로 시야도 넓힐 수 있었고, 좋은 기회였다고 생각해. 근데 한 번이면 될 줄 알았는데 잘 안됐고, 또 나가게 됐어. 멋 없다고 생각할 수도 있어. 근데 난 이런 도박이 필요한 사람이야. 다른 사람들은 단번에 멋있게 이뤄낼 수도 있겠지만 난 잡초처럼 살아야 살아남는 사람이야.

랩을 시작한 계기는?

친척 형이 힙합을 좋아해서 공연도 따라다니고 음악도 따라 들었어. 가사도 형이 한번 써보라고 해서 쓰기 시작한 거다. 카니예 웨스트(Kanye West)를 좋아했는데 그가 하는 랩이 별로 어려워 보이지 않더라고. 계속 가사 쓰고 녹음하고 그게 습관이 되다 보니 여기까지 온 거지.

딕키즈 크루는 어떻게 들어갔는지?

사연이 좀 골 때려. 중학교 때, 랜선으로 만난 (이)수린이 형을 처음 만나러 가는 날이었어. 근데 수린이 형은 나 말고도 약속이 있었나 봐. 랩하는 친구 둘을 더 데리고 왔다. 셋이 뭘 할까 하다가 다 같이 싸이퍼를 했어. 다음날 눈을 뜨자마자 수린이 형한테 전화가 왔어. "야, 크루 같이하자." 그래서 "이름이 뭔데?" 했더니 '디키즈'래. 이름이 구리잖아. 그래서 그냥 끊어버렸어. 다시 전화가 왔어. "왜 끊어?" "이름이 구리잖아, 디키즈가 뭐야, 옷 브랜드 짝퉁도 아니고." "그 디키즈가 아니라 딕키즈(Dickids)야. 고추소년단이라고." "뭐야 더 구리잖아." 말싸움을 하다가 결국 같이하게 됐어. 그 이름을 바꾸고 싶었는데 결국 안 됐어. 지금도 이름은 정말 마음에 안 들어.

집안 반대는 없었나?

많이 싸웠지. 지금 이미지와는 많이 다르지만 모범생이었거든. 중학교 들어가면서부터 공부를 때려치웠어. 수업 시간에는 잠만 자고. 부모님은 날 공군사관학교에 보내려고 했는데 공부도 안 하고 같잖은 음악을 한다니까 엄청 싫어하셨어. 당시에는 힙합 음악은 폭력적이라는 인식이 많았어. 일리닛(Illinit)의 학교에서 뭘 배워 같은 노래도 있었으니까.

확신이 있었나?

사실 재능은 없었다. 음치에 박치에 몸치였고, 예체능과 관련된 재능은 하나도 없었어. 근데 그냥 죽을 것 같아서 했어. 그게 다야. 학교폭력 때문에 너무 힘들어서 인생을 놓았어. 죽으려고도 했으니까. 자살 시도를 몇 번 했어. 처음에는 집 옥상에서, 나중엔 방에서 목을 매려다가 실패했어. 손목을 그으려고 한 적도 있어. 사실 지금도 그때 생각하면 힘들어.

음악 때문에 버틸 수 있었던 건가?

그 말이 아마 맞을 거야. 자살하려던 곳에 가서 가사를 쓰기도 했어. 내가 만드는 노래는 그래서 다 부정적이야. 날 싫어하는 사람도 내 모습을 제대로나 보고 싫어했으면 좋겠어. 혹시 날 좋아한다면 내 모습 그대로 좋아했으면 좋겠고. 내 음악을 안 들으면서 왜 날 좋아하는지 이해가 안 가. 정말 싫어. 공연 때는 사진 찍어달라고 하면 다 찍어줘. 근데 길 가다가 사진 찍자고 하면 "내 음악 뭐 들어봤는데요?"라고 물어봐. 그럼 대부분 못 들어봤다는 거야. 싫어하는 수준을 넘어서 혐오해.

그래서 난 내 음악을 들어주는 사람이 진심으로 고마워.

음악은 잘 몰라도 사람을 좋아할 수도 있지 않나?

그게 싫어. 나를 알리러 방송에 나간 게 아니라 내 음악을 알리러 나간 거야. 유명해지면 당연히 사람들이 내 음악을 들을 줄 알았어. 근데 아니더라. 그게 너무 화가 났어. 내가 이 정도밖에 못했나, 스스로에게 실망했고. 그래서 "지금 유명한 건 내가 아니라 방송형 인간"이라는 가사도 쓴 거야. 그런데 사람들은 그 가사도 몰라. 차라리 내 음악을 욕하는 사람들이 더 낫다고 생각해. 적어도 들어보고 욕하는 거잖아.

랩네임 '불리 다 바스타드'(Bully Da Ba$tard)의 뜻은 뭔가?

직역하자면 '개새끼를 두드려 패다'라는 뜻이야. 원래 '플레이보이'라는 이름으로 활동하다가 수린이 형이 너무 구리다고 해서 이걸로 바꿨어.

학교에서 배운 건?

돈 없으면 호구라는 것, 누구를 밟지 못하면 밟힌다는 것. 그건 우리나라 어디든 그래. 암묵적인 규칙이 존재하잖아. 학교 덕분에 그걸 일찍 깨달은 편이지.

어른이 되면 하고 싶은 게 있나?

하나도 없다. 나이 먹는 게 싫어.

자신을 가장 잘 설명하는 랩 구절은?

"야 바보새끼야 가자"라는 구절. 내 가사는 항상 다 그런 내용이야. '난 꼴통이다, 난 멍청한 새끼다, 그래서 너희들 앞에 이렇게 보여주는 거다'. 음악하는 사람은 자기 자신을

**“돈 없으면 호구라는 것, 누구를
밟지 못하면 밟힌다는 것. 그건 우리나라
어디든 그래. 학교 덕분에 그걸 일찍
깨달은 편이지.”**

드러내야 한다고 생각해. 근데 내가 되고 싶은 나는 과연 나일까? 모르겠어. 내가 되고 싶은 사람이 내가 말하던 그 솔직한 사람인가? 그 솔직한 사람이 내가 되고 싶은 사람인가? 내가 혹시 솔직한 척하기 위해서 이렇게 세게 말하는 건가? 세게 말하는 게 솔직한 건가? 조금이라도 가식이 없었으면 해서 이런 생각을 계속해.

좋아하는 것과 싫어하는 것으로 자신을 설명한다면?

살아 있는 건 대부분 좋아해. 사람만 빼고. 싫어하는 건 사람이야. 나 포함해서. 동물은 거짓말 안 하잖아. 귀엽기도 하고. 거미를 키워. 집에서 개를 못 키우게 해서 초등학교 때인가 중학교 때부터 거미를 키웠는데 엄마가 이런 기분일까 싶더라. 지금도 침대 머리맡에 두고 자.

가장 가까이 있는 꿈과 가장 멀리 있는 꿈은?

가장 가까이 있는 꿈은 내 음악을 세상에 내는 것. 세상에 내놓는다고 생각하면 곡 하나하나 모두 의미가 커. 난 오늘만 사는 사람이라 멀리 있는 꿈 같은 건 없어. 언제 뒤져도 아무렇지 않으니까. 요행 같은 거 바라지 않고 하루하루 열심히 사는 삶이 멋있다고 생각해. 자부하는 것 하나는 진짜 열심히 한다는 거야. 바보같이 사는데도 살아남는 슈퍼 잡초가 나야. 계속 밟혀도 물 한 방울 떨어뜨리면 살아서 일어나는 게 바로 나 같은 사람이야. □

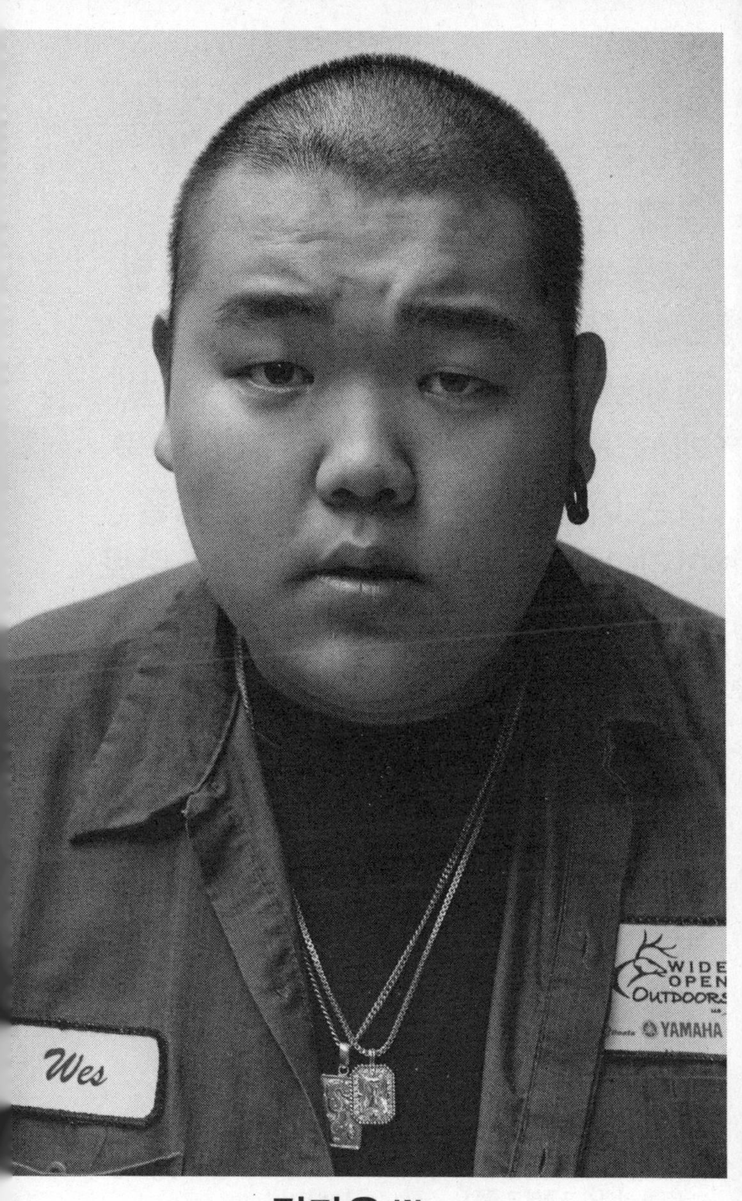

김강우 Wuzoo

의정부 거주. 고등학교 2학년, 힙합 동아리 리버브(Reverb) 활동을 통해 본격적으로 랩을 시작했다. <고등래퍼> 심사위원 중 한 명이었던 래퍼 딥플로우와 닮은꼴로 주목받았고 실제로 딥플로우로부터 "내가 찾던 래퍼"라는 호평을 듣기도 했다. 속물 같은 어른, 부조리한 계급사회 등을 타깃으로 한 사회 비판적 가사를 주로 쓴다. 목을 긁으며 내는 거친 발성을 무기로 강렬한 랩을 구사한다.

인스타그램: issa_lynx

사운드클라우드: foot9656

김강우
랩네임: 우주(Wuzoo)
- 1998년 대구 출생
- 의정부 의정부중학교 졸업
- 의정부 의정부고등학교 졸업
- 2016년 믹스테이프 [Tracklist] 발매
- 힙합 크루 '핫플러그'(HPC), '구땡 클랜'(Goodthang Clan), '잭슨 보이즈'(J-Boyz) 소속

변질됐어 나조차도 이제는 더러워
거리에다 흘린 눈물 진심으로 두려워
불쌍하게 보이는 게 싫었기에 버렸던
부정을 부정하는 것 씨발 진짜 지쳤어

야 하나면 돼 편하게 사는 거
진짜 하나면 돼 편하게 사는 거
언제나 그렇든 사장들은 불편해
나 배달 알바해 내가 진짜 구렸네

내가 화난 이유 말했지 누누이
공상과 현실 되는 것 같아 구분이
21세 비로소 확인돼 내 수준
죽일 거면 말해 그냥 밟힐게 으음

추락은 생각보다 쉬웠네
다시 올라갈 내 위치 기억해
허덕임은 열심히가 아닌 발악이었겠지
아 그냥 벌레만도 못한 인생이었네

사진 찍어달라는 그 말들 찝찝하지
하늘에 외친 외마디 비명 미미하지
죄송해요 아버지 제 상태는 기진맥진
힘아리가 없네요 이곳이 질린 건지

사람들이 알아보나?

(이) 동민이랑 헷갈려 하는 사람이 많아. 미친 거 같아. 또 한번은 ‹고등래퍼› 방영 뒤에 댓글로 “불교방송인줄”이라면서 비웃은 사람도 있었어. 거기다 대고 “만날래? 어디 사냐?”라고 썼어. 근데 그러면 안 되잖아. 하루 뒤에 지웠다.

‹고등래퍼› 이후 가장 많이 바뀐 건?

사람들에게 많이 데었어. 엄청 친하던 친구들조차 이상하게 보더라. ‘연예인병’ 걸렸다고 생각하는 거 같았어. 힘들었지. 유명해지는 게 꼭 좋은 건 아닌 것 같아. 물이 빠지길 기다리고 있어. 그래야 편안히 내 음악을 할 수 있으니까. 똑같이 살고 있어. 바뀐 것도 있지. 학교 안 가는 거. 졸업했으니까.

좋아하는 것으로 자신을 설명한다면?

돈. 돈을 벌면 아버지에게 지금까지 받은 걸 돌려줄 수 있잖아. 꼭 아버지뿐만 아니라 돈으로 누군가를 행복하게 해줄 수 있다면 기분이 정말 좋을 것 같아. 음악하는 동생들도 도울 수 있고. 여태까지 내가 형들에게 받은 걸 동생들에게 대신 갚을 수 있는 기회가 생기는 거니까.

형들에게 어떤 도움을 받았나?

음악적으로, 또 인간적으로도. 고등학교 2학년 때 탈선을 했는데 형들이 많이 도와줬다. 특히 지호 형과 동연이 형, 꼭 언급하고 싶어. 내가 사실은 박치야. 다들 나더러 랩 못한다고 했는데 지호 형이 할 수 있다고 말해줬어. "멜로디언은 하루면 치지만 피아노는 하루 만에 칠 수 없다, 넌 좋은 악기인 거고, 그러니까 그 악기를 치려면 시간이 오래 걸리는 거다"라고. 맞아, 난 클래식이야. 오래 걸리는 클래식이야. 그런데 〈고등래퍼〉 나가고부터 나만 혜택을 받은 것 같아 미안했다. 우리 동아리 작업실이 의정부 주택가 지하실에 있는데 열악해. 습하고 곰팡이도 많고. 돈 많이 벌어서 빨리 좋은 곳으로 옮겨주고 싶어.

고등학교 2학년 때 무슨 일이 있었나?

양아치처럼 살았어. 난 나처럼 친구 없는 애들에게 문제가 있다고 생각했어. 괴롭힘 당하지 않으려고 '노는 애들' 무리에 들어가고 싶었어. 담배 피우고 오토바이 타고. 잘못된 행동이고 부모님에게도 죄송해. 그래서 가사를 쓰다 보면 우울한 내용이 많이 나와.

‹고등래퍼›에서 선보인 "수많은 사고들 사건들 (…) 10대의 마지막 생활 무시당하던 때를 기억해 (…) 한숨 쉬던 어른들을 다 내 머리에 (…) 콕 집어서 내가 그 중심이 돼버렸네"라는 가사에도 그런 사연이 담긴 건가?

뒤통수치는 애들, 이간질하는 애들이 싫어서 그런 가사를 썼어. 시선을 좁혀 보면 내 10대 이야기지만 넓게 보면 이 사회에 대한 얘기야. 그런 어른들 많잖아.

어른들은 다 싫은가?

아니. 우리 아버지 같은 사람이 되고 싶어. 책임감 있게 행동하고, 친구들 동생들 챙기는 사람, 그리고 길을 닦아주는 사람.

아버지는 어떤 분인가?

아버지와 둘이 살고 있어. 제일 가까운 사람이지. 내가 사고 쳐서 경찰서 끌려갔을 때 아버지가 많은 이야기를 해줬어. 경상도 분이라 무뚝뚝하다고 여겼는데 아니더라고. 모두가 그렇겠지만 난 내 아버지가 제일 힘들다고 생각해. 인테리어 일을 하시는데, 나한테 랩하다가 안되면 그 일 배우라고 했어. 근데 죽어도 안 한다고 했다. 거지처럼 사는 한이 있어도 그건 안 할 거라고.

힙합은 어떻게 시작하게 됐나?

중학교 시절인데, 친구도 별로 없고 히키코모리처럼 살고 있었어. 근데 3학년 때 학교에 문학과 힙합을 접목한 수업이 생겼다. 그 수업에서 가사를 처음 써봤어. 내 가사에 세상 이야기를 넣을 수 있다는 게 너무 멋진 거야. '그래, 나 같은 히키코모리는 저런 걸 해야 멋있어' 이런 생각이 들었다. 그때부터 머리를 밀었지. 어떤 애가 투팍 사진을 보여주면서 "힙합은 빡빡이"라고 하잖아. 또 걔가 "힙합은 말보로라이트"라고 해서 담배도 바꿨어. "이센스 형 알지? 이센스 형도 말보로라이트 피워" 그랬다. 옷도 바꿨어. 무조건 셔츠에, 럭비 선수들이 입는 유니폼으로.

힙합을 하면서 삶도 바뀌었나?

어차피 혼자인 건 마찬가진데 생각이 바뀌니까 삶도 바뀌더라. '나 같은 애들이 없어서 나 혼자 다니는 거야'라고 생각하게 됐지. 싸움도 많이 했어. 시비가 붙어도 도망가지 않았다.

어떤 음악을 하고 싶나?

'검은 세상'에 대해 이야기하고 싶어. 지금 살고 있는 세상을 비판적으로 보지 않을 수 없잖아. 물론 돈이 많다면 그런 생각을 안 하겠지. 하지만 지금 내가 바라보는 것들, 내가 느끼는 것들만 쓰니까.

앞으로의 랩 가사에 평생 쓰고 싶은 세 가지 단어를 고른다면?

깨달음, 돈, 거짓말. 모든 행동에는 이유가 있고 그 안에는 다 깨달음이 있는 것 같아. 내가 돈에 많이 얽매여 있었다. 친구들과 놀고 싶어도 돈이 없어서 못 놀았어. 다른 애들이 부모님에게 용돈 달라고 말하는 게 신기했어. 난 못했다. 힘들게 일하는 거 뻔히 알면서 어떻게 그래. 아버지에게 손 벌리는 게 너무 쓰레기 짓 같았어. 노가다 인력사무소에 가서 돈을 벌었지. 아직도 하고 있어. 얼마 전에는 '나는 거지새끼인데 부자들이 부럽고 그들과 어울리기 위해 똑같이 행동한다'는 가사를 썼어. 내 속은 아직도 거지인데 난 그들과 어울려봤으니까, 즉 난 TV에 나와봤으니까 부자인 척한다고 썼어. 내 집은 더럽고 똥내가 나도, 밖에서는 비싼 걸 걸치고 비싸 보이는 척해야 하는 상황에 대한 얘기다.

음악하는 이유가 뭔지 생각해봤나?

스스로 벌어 먹고살 수 있는 길은 음악밖에 없다고 생각했다. 내가 음악을 한다고 했을 때 "너 같은 새끼가 무슨 음악이냐, 너 같은 새끼는 음악으로 절대 돈 못 벌어, 멍청해서"라던 애가 있었어. 난 증명하고 싶어서 음악을 해. 구라를 계속 쳐도 그 구라를 계속 믿으면 현실이 돼. 그게 너무 신기해. 친구들에게 '근자감'을 가지라고 말하고 싶어. 근거 없는 자신감. 생각해보면 애초에 자신감 자체가 근거 없는 거잖아. 스윙스(Swings) 형도 그런 말을 했어. 자신감은 원래 근거 없는 거고, 근거는 자기가 만들면 된다고.

지금껏 쓴 랩 가사 중 자신을 가장 잘 설명하는 구절은?

구려서 발표하지 않은 건데, "신보다 먼저 믿는 건 나 자신"이라는 구절이 있어. 신을 믿는다고 사람이 바뀌는 게

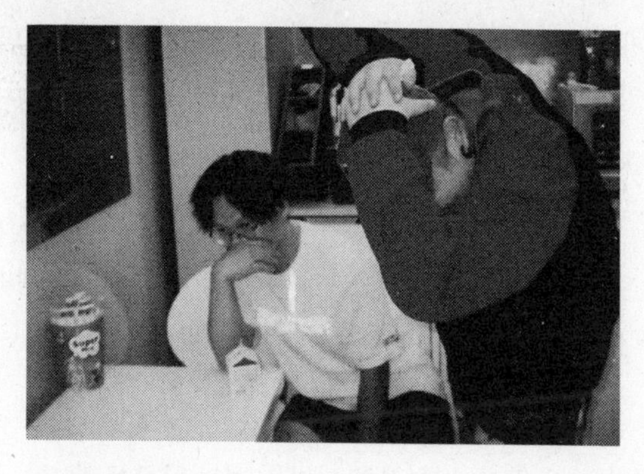

"난 증명하고 싶어서 음악을 해.
구라를 계속 쳐도 그 구라를 계속
믿으면 현실이 돼. 그게 너무 신기해.
친구들에게 '근자감'을 가지라고
말하고 싶어."

아니라 신을 믿음으로써 자기 자신을 믿게 되잖아. 그러면서 사람이 바뀌는 것 같아.

꿈?

딱 하나. 나이 들어서 파지 안 줍는 거. 절대 그렇게 살고 싶지 않아. 우리 아버지도 그렇게 살게 하지 않겠다고 매일 생각해. 돈 많이 벌어서 무조건 행복하고 편안하게 살고 싶어.

랩네임은 왜 우주(Wuzoo)인가?

'큰 사람'이란 뜻인데, 솔직히 의미 부여는 나중에 했어. 그냥 김강우의 '우'와 동물원의 'Zoo'를 합친 거지. 내 세계를 가리키는 말이야. 모든 사람을 동물로 비유할 수 있잖아. '우주의 동물'이라는 뜻도 담겨 있는 셈이지.

사람들이 가장 오해하는 건?

인상을 쓰고 있어서 그런지 팬들이 사진 찍어달라는 말도 못하더라. 무서운 사람으로 오해하지 말아줘. 나, 착해. □

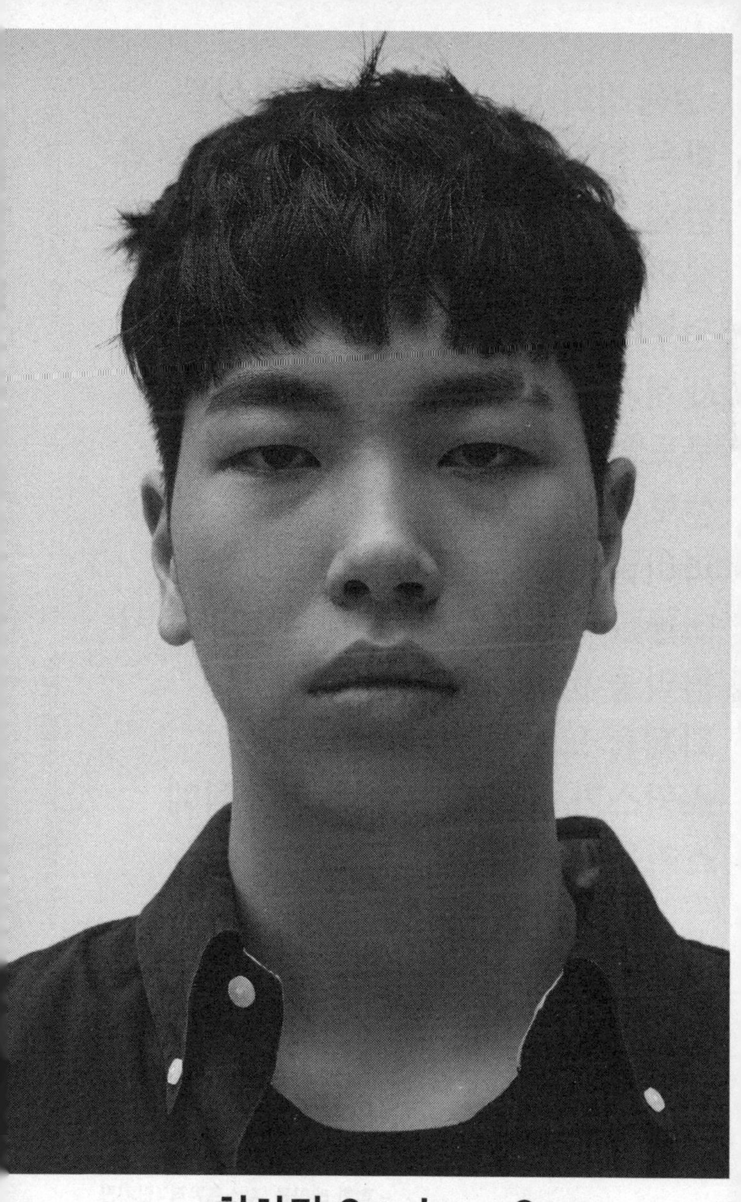

최하민 Osshun Gum

‹고등래퍼›에서 가장 많은 관심을 받은 참가자. 등장하자마자 양홍원과 함께 우승 후보로 주목받았다. 음악을 위해 학교까지 자퇴하고 전주에서 상경한 스토리, 자신만의 세계가 담긴 독특한 자작곡, 부드럽고 평화로운 스타일의 랩을 선보이며 인기를 얻었다. ‹고등래퍼› 파이널에서 아깝게 준우승에 머물렀지만, 마지막 무대를 그때까지 음악을 함께해온 친구들과 꾸며 화제를 모았다. 방송 후 래퍼 스윙스가 속해 있는 저스트뮤직에 스카우트 됐다.

인스타그램: osshun_gum

사운드클라우드: osshungum

최하민
랩네임: 오션검(Osshun Gum)
- 1999년 전라북도 전주 출생
- 전주 해성중학교 졸업
- 전주 전일고등학교 중퇴
- 2017년 Mnet ‹고등래퍼› 준우승
- 2017년 싱글 앨범 [Life's a Dream] 발매
- 2018년 싱글 앨범 [YOUNG WAVE] 발매
- 힙합 레이블 '저스트뮤직'(린치핀뮤직) 소속

Life's a Dream by 최하민

내 음악이 울려 퍼져 여기에
팬들이 같이 노래해 예이예
내 삶은 변했고
10대는 날 동경해
난 아무 때나 여행하고
친한 친구는 항상 옆에
우리는 어디든
가지 여기저기 비틀비틀
I'm feeling the sunshine
We need fresh air
Peace on my mind
Humming like ugly hippies
Peaceful night
내 발은 작고 세상은 넓지
침대는 좁고 내 꿈은 거대해서
난 바빠 가야 돼 멀리
열아홉 남은 내 삶을
멍청하게 trippin
눈 감을 때까지 떠나 이 끝이
보일 때쯤엔 내 흔적이 fade out
너도 생각이 같다면 우린 친구가 돼
오늘 welcome to my new world
Let's take a trip
Trippin all day all night
Trippin all day you and I
오늘 너의 꿈에 나와
우린 멍청하게 놀지
Let's ride
Yeah that's fine
I don't care who sees
Cause I'm a brat

I'm living a young
And free life
난 걔넬 질투하게 해
오늘 너의 꿈에 나와
널 위해 노래 부를게
We are poppin
And snorting at 501
무지개 yeah I'm fucked up
신발 끈이 느슨
바보 같은 웃음
너는 눈이 컴컴
우린 떠나겠지 또
떠나겠지 또
길 위엔 maypole
Waterfall in the fountain
선박이 아렴풋
내 머리 안 한가득 물음표와 답
난 사랑받는 가정 안에 자랐지만
하룻밤이 지나가면 우리 사이는 끝
우리 꿈이 깨기 전에
만약 네가 원한다면
나는 날아 달을 따줄게
삶 죽기 전엔 원 없게
눈 감을 때 let's cut the cake
내 추억들 모두 훑어볼 때
멍청한 모험들 가득하길
우리가 어른이 되면은
까마득해지겠지 너와 내 기억들
엄마 얼굴 볼 자격 없던 놈들이 돼
멋진 부모가
Trip from 063

To the 02 right here
난 떠나 어디든
우린 떠나 어디든
Trippin all day all night
Trippin all day you and I
오늘 너의 꿈에 나와
우린 멍청하게 놀지
Let's ride
Yeah that's fine
I don't care who sees
Cause I'm a brat
I'm living a young
And free life
난 개넬 질투하게 해
오늘 너의 꿈에 나와
널 위해 노래 부를게
Trippin all day all night
Trippin all day you and I
오늘 너의 꿈에 나와
우린 멍청하게 놀지
Let's ride
Yeah that's fine
I don't care who sees
Cause I'm a brat
I'm living a young
And free life
난 개넬 질투하게 해
오늘 너의 꿈에 나와
널 위해 노래 부를게

좋아하는 것으로 자신을 설명해달라.

친구를 되게 좋아한다. 서로 힘이 돼주고 좋은 영향을 주고받아. 사소하게든 거창하게든 서로 공명한다는 이유만으로도 힘이 되는 게 있어. 떨어져 있을 때도 이어져 있다는 느낌이 들어. 그리고 음악을 좋아하지. 내가 느낀 것들을 음악으로 만드니까 내 음악을 쭉 나열하면 그게 내 삶의 소리가 될 것 같다.

음악을 시작하게 된 계기는?

그냥 힙합 음악이 좋았어. 중학교 3학년 때 노래방 갔다가 집에 가는 길이었어. 친구한테 "나 랩 좀 잘하는 것 같지 않아?"라고 물어봤는데 "잘한다"는 거야. 그때부터 마이크 사서 노래를 녹음해봤다. 지금 들으면 부족하지만 그때는 나만의 노래를 만든다는 게 너무 좋았어. 그렇게 하나둘씩 만든 노래 중 하나가 ‹고등래퍼›에서 부른 Osshun Waves라는 곡이야. 고등학교 들어가기 직전에 만들었어.

그 친구랑 지금도 연락하나?

물론.

특별히 영향을 받은 뮤지션이 있는가?

유행을 좇지 않고 유행을 만들어나가는 모두로부터 영향을 받아. 사실 유명한 뮤지션보다는 함께 음악하는 친구들에게 더 크게 영향을 받는다. 함께 있으면 "우리도 충분히 할 수 있을 것 같은데?"라는 근거 없는 자신감이 생겨. 그걸 바탕으로 뼈대를 만들어나가. 우리만의 공감을 주제로 음악을 만드는 거다.

〈고등래퍼〉 마지막 무대를 같이 했던 홈보이(Homeboy), FNRL. 같은 친구들은 어떻게 만났나?

좋은 음악이 귀에 들어오면 "음악 좋은데, 같이 커피나 마실까?"라고 연락해서 만나. FNRL. 형도 그렇게 만났어. 사운드클라우드에서 음악을 들었는데 너무 좋아서 보자고 했지. 만날수록 말도 잘 통해서 점점 친해졌고. 홈보이 형도 사운드클라우드에 올린 음악이 너무 신선해서 내가 먼저 커피 마시자고 했다. 지금도 같이 음악하고 있어.

그 친구들로 인해 생각이 바뀐 것도 있는가?

바뀌기보다는 오히려 비슷한 생각이 더 뭉쳐지고 단단해지는 것 같다.

〈고등래퍼〉로 인생이 가장 크게 바뀐 사람이라고 해도 과언이 아니다.

내가 바랐던 삶이라서 너무 신기했다. 〈고등래퍼〉 나오기 전에는 수입도 없었고 음악한다고 밤낮이 바뀐 채 바보처럼 살았거든. 전주에서 서울로 무작정 올라와서 아현동 집에서 혼자 살았어. 칙칙하고 어둡고 곰팡이 가득한 집이었는데, 정말 힘들었어. 〈고등래퍼〉에서 결승곡 부를 때 너무 벅차서 눈물이 나더라. 힘들었던 과거가 그 순간에는 행복하게 다가오는 게 너무 인상적이었어. 처음 겪는 감정이었지. 누나와 아빠 얼굴 보면 눈물이 나고, 앞에 있는 관객들 얼굴 보면 웃음이 나오고. 슬프면서 행복했어.

어떻게 학교를 자퇴하고 서울에 혼자 올라올 결심을 했나?

음악이 너무 좋았으니까. 좋아하는 게 생기면 거기에

멍청하게 빠지는 성격이야. 너무 좋아서 인생을 걸어도 되겠다 싶었어. 지금도 그 확신은 변함 없고.

학업과 병행할 순 없었나?

어른들이 항상 하는 말씀이지. "학업이랑 병행하면 되지." 공부를 보험처럼 쌓아두라는 그 말을 이해하면서도, 내 속에는 음악만을 위해 살아야 성공할 수 있다는 확고함이 있었어. 중학교 3학년 말부터 '자퇴하고 빨리 서울 가야겠다'고 마음먹고 있었는데 고등학교 들어가서 하기 싫은 공부해야 하니까 너무 답답한 거다. 부모님께 말씀드리고 고등학교 1학년 때 서울로 올라왔다.

학교로부터 배운 건 없나?

아니, 많이 배웠어. 사회질서도 배우고 예의, 친구를 사귀는 법, 친구와 잘 어울리는 법… 인생에 필요한 것들. 하지만 대학 가려고 배워야 했던 수학, 과학 같은 건 쓸데없는 시간 낭비처럼 느껴진다.

살았던 지역을 주제로 곡을 쓴다면?

자퇴하고 서울에 올라오기 전까지 서너 달가량 시간이 있었어. 그때 전주 집에서 혼자 음악을 만들었다. 이상하게 학교를 그만뒀는데도 아침에 학생들이 학교 가는 건 보고 싶더라. 등교하는 학생들 옆에서 산책하는데 약간 비참한 기분도 들었어. 집 앞 초등학교에 있는 동산에 올라가서 '빨리 돈 벌고 싶다, 빨리 사람들 많은 데서 공연하고 싶다, 빨리 이런 감정을 떨쳐내고 싶다'고 생각했는데 지금 그게 다 이뤄진 거잖아. 그래서 전주에 대한 노래를 만든다면 지금의 나를 갈망하던 당시의 나에 대해 쓰고 싶어. 최근까지 살았던 성남을 주제로 곡을 쓴다면 자연을 예찬하는 곡을 쓸 것 같아. 삼촌이 아현동에서 혼자 사는 날 보고 마음이 아팠는지 할머니, 할아버지가 계신 성남 근처에 집을 얻어주셨어. 성남 운중동이라는 곳인데 동네가 너무 좋았다. 거기도 집 앞에 산이 있었어. 잠이 안 올 때면 캄캄한 밤중에도 친구와 거길 오르곤 했다. 요즘에도 가끔 그 집이 꿈에 나와.

지금껏 쓴 랩 가사 중 자신을 가장 잘 설명하는 구절은?

New World라는 곡에 나오는 "웰컴 투 마이 뉴 월드"라는 구절. 사람들이 내 노래를 들으면서 내 세계로 찾아와주면 좋겠어.

그 세계를 묘사한다면?

너무 평화로워서 심심한 세계. 그렇다고 지루하진 않고. 작업실이 홍대 옆에 있다. 어느 날 택시 타고 작업실로 가는데 금요일이라 인파가 굉장했어. 문득 100년만 지나면 이 사람들이 다 죽어서 사라진다고 생각하니 갑자기 소름이 돋았다. 그러면서 든 생각이 '100년밖에 못 사는데 왜 우리는 서로 미워하고 상처 줄까?' '싸울 필요 없는데'였어. 이런 의문이 항상 있다. 서로 사랑하고 평화로운 세계가 내 머리 안에 있고, 그게 음악으로 표현되는 것 같아.

언제부터 그런 생각을 했나?

친구와도 그렇고 가족과도 그렇고 사소한 걸로 많이 싸운다. 어느 날인가 누나와 한바탕 싸우고 나서 왜 싸웠는지 돌아보는데 그 이유가 지금은 기억도 못할 만큼 사소한 거였다. 그때 누나에게 미안하다고 사과한 뒤로 생각이 많이 바뀐 것 같아.

"100년밖에 못 사는데 왜 우리는
서로 미워하고 상처 줄까? 이런 의문이
항상 있다. 서로 사랑하고 평화로운
세계가 내 머리 안에 있고, 그게 음악으로
표현되는 것 같아."

랩 가사에 자주 나오는 '분홍 구름'은 뭔가?

언젠가 노을 질 때 하늘을 봤는데 색깔이 분홍색이더라. 그래서 분홍 구름이라고 썼어.

덕분에 '분홍 구름'이라고 불리기 시작했는데.

사람들이 붉게 노을 진 하늘을 찍은 사진에 해시태그 달아서 #분홍구름이라고 올려줘. 그런 풍경을 볼 때마다 내 생각을 한다는 거니까, 마음에 든다.

가장 가까이 있는 꿈과 가장 멀리 있는 꿈은?

사운드클라우드에 보면 내 노래를 많이 들은 사람들의 순위가 나와. 그 순위의 1위부터 200위까지를 내 공연에 초대하고 싶어. 1위는 내 노래를 7000~8000번 들었더라. 그 사람 일상에서 내 음악이 얼마큼의 비중일지 가늠이 안 돼. 그들에게도 큰 선물이 되겠지만 그 사람들이 주는 좋은 에너지가 내게도 선물일 것 같아. 그게 제일 가까이 있는 꿈이야. 가장 멀리 있는 꿈은 내 친구들과 함께 최고가 되는 거. "서울시의 머리 위에 스탠드"라는 가사를 쓴 적이 있다. 친구들이랑 다 같이 성공한 다음 서울이 내려다보이는 높은 곳에서 술 한 잔씩 마시면서 서 있는 그림을 상상한 거야.

랩네임 오션 검(Osshun Gum)은 무슨 뜻인가?

좋아하는 것들을 조합한 거야. 일단 푸른 바다를 좋아해. 또 뭐가 있을까 생각해보니 껌이더라고. 껌은 정말 귀여운 것 같아. 씹다가 뱉어보면 쭈글쭈글해져 있잖아.

앞으로도 그 이름은 바꾸지 않을 건가?

응. 엄청난 아티스트가 되더라도. 사람들이 위대한 아티스트의 이름에는 뭔가 대단한 뜻이 있을 거라고 생각하기

쉽잖아. 거기다 대고 내가 “바다와 껌을 좋아합니다”라고 말하면 매력적이지 않을까? □

김미정

중고등학교 모두 일반 인문계 학교가 아닌 대안학교를 나왔다. 그곳에서 자신의 의견을 내는 법을 배웠고, 이를 토대로 가사를 쓰고 랩을 하는 중이다. 본격적으로 힙합 음악을 시작한 건 ‹고등래퍼› 출연 이후부터다. 멜로디가 있는 힙합을 선호하고, 랩과 노래에 경계를 두지 않는다. 힙합 크루 웨이사이드타운의 유일한 여성 멤버로 활동중이다.

인스타그램: yourbeagle

사운드클라우드: yourbeagle

김미정
- 1998년 제주 출생
- 성남 이우중학교 졸업
- 성남 이우고등학교 졸업
- 숭의여자대학교 재학
- 힙합 크루 '웨이사이드타운' (WaysideTown) 소속

Let's $ing! by 김미정

오예 내가 원하는 것들
다 이뤄주겠니
너무 어려워 일단 이것저것 다 해보고 싶어
아직 어리니까

Oh! 달리는 것도
걷는 것도 어려울 때가 있었지 예
하지만 지금 난 할 수 있어
I'll do, anything for you 믿어봐

어려움에 지지 마
가끔 넘어져도 괜찮아
돈을 아주 많이 벌어서
예쁜 옷과 신발을 마음껏 살 거야

어때 기분 좋잖아
엄마의 dream car를 으흠으흠
그 순간을 위해 난
라라라랄라라라

Let's sing move your body
Pull up fuckin your drink
Work hard everyday 정신없지
날 위한 멜로딘 어디

Let's sing move your body
Pull up fuckin your drink
Work hard everyday 정신없지
날 위한 멜로딘 어디

SINK IN THE
BLACK ZONE

처음 들었던 힙합 음악은 어떤 곡이었나?

중학교 때 빈지노가 처음 나왔는데 곡이 충격적으로 좋았다. 그때부터 쭉 음악에 관심이 많았어. 처음에는 노래를 했지. 멜로딕한 노래에는 꼭 피처링으로 랩이 들어가잖아. 그 부분을 따라 불렀어.

랩을 한 건 언제부터?

얼마 안 됐어. 가사도 조금씩 끄적이긴 했는데 제대로 해본 건 ‹고등래퍼› 때가 처음이었어. 한 줄 쓰는데 사흘씩 걸렸다. 너무 힘들었어.

‹고등래퍼›에 나가게 된 계기는 무엇인가?

뮤지션이 되고 싶은데 가만히 있으면 아무도 내 꿈을 모르잖아. 존재를 알려야겠다는 생각에 지원했어. 지원 동기에 '내가 살아 있다는 걸 알리고 싶어서'라고 썼지.

‹고등래퍼›에 나간 후 어떤 변화가 생겼나?

일단 마음가짐이 바뀌었어. 방송에 나간 이후로 '내 이야기'를 쓰기 시작했고. 그리고 나를 아는 사람이 조금이라도 생겼다는 게 좋았어. 힘이 생기더라. 내 사운드클라우드를 보면 같은 곡을 1000번이나 들은 사람도 있어. 나도 어떤 노래를 그만큼 들어본 적이 있는데, 눈 감으면 그 곡이 아른거릴 정도가 돼. 그게 너무 좋아. 알아봐주는 사람들이 생길수록 더 열심히 하게 돼.

가장 최근에 썼던 가사 내용은?

사랑 이야기를 많이 써. 지금의 내가 가장 꺼내기 쉬운 얘기야.

지금껏 쓴 랩 가사 중 자신을 가장 잘 설명하는 구절은?

아직은 없는 것 같아. 모두 내 얘기긴 한데, 이게 진짜 나라는 생각이 들었던 가사는 또 없어. 좀 더 솔직해져야 할 것 같아.

음악을 계속하게끔 만드는 동력은 뭔가?

자기 전에 누워서 사운드클라우드를 탐험하다 보면, 음악을 정말 잘 만드는 사람을 발견할 때가 있어. 얼마 전엔 캐시라는 래퍼의 음악을 들었는데, 너무 좋은 거야. 알고 보니 나랑 동갑이래. 그런 사람을 보면 누워 있는 나 스스로에게 화가 나. 결국 다시 일어나서 컴퓨터 켜고 음악 작업을 하게 돼. 난 뭐든 금방 포기하는 성격인데, 음악만큼은 그렇지 않아. 해이해질 만하면 자극을 주는 사람이나 좋은 음악이 나타나. 나도 그런 사람이 되고, 그런 음악을 만들고 싶어.

음악을 하면서 가장 고민되는 지점이 있다면?

솔직히 연예인이 되고픈 건지 래퍼가 되고픈 건지 잘 모르겠어. 음악을 하고 싶은 건 확실한데, 음악만으로 성공할 수 있을지 확신이 없어. 사람들이 나를 몰라봐도 내 음악만 유명해지면 되는 걸까, 아니면 정말 누구나 다 아는 셀럽(celeb)이 돼야 하는 걸까, 역시 모르겠어. 어쨌든 내 음악을 듣는 사람이 없으면 그만두겠지만.

부모님의 반대는 없었나?

부모님은 내가 안정적인 일을 하길 바라시는 것 같아. 어제도 문자로 '곧 회사에 다녀야 하니까 머리색을 어둡게 하는 게 좋겠다'고 하셨다. 나는 음악할 거니까 머리색이 어떻든 상관없다고 답했어. 반대까지는 아닌데, 그래도 평범한 회사에 다녔으면 하는 마음이 보여.

"사람들이 나를 몰라봐도 내 음악만
유명해지면 되는 걸까, 아니면
정말 누구나 다 아는 셀럽이 돼야 하는
걸까, 역시 모르겠어."

학교 생활은 어땠나?

중고등학교를 모두 도시형 대안학교에 다녔다. 중학교 학생수는 60명, 고등학교는 80명. 전교생이 다들 아는 사이였고 교복도 없었어. 수업은 일반 학교랑 비슷하면서도 달랐어. 교과서대로 수업을 하지 않았고, 사교육도 없었지. 일반 학교에선 친구와 싸우면 자기들끼리 풀잖아. 그런데 우리 학교는 모든 애들이 동그랗게 앉아서 다 같이 대화로 풀어. 선생님과 학생 사이에도 벽이 없었어. 원하면 언제든지 교무실 문을 열고 들어가서 얘기할 수 있었어. 페미니즘에 대한 얘기도 활발했고.

학교에서 배운 게 있다면?

일반 학교와 다른 문화가 좋기도 했고, 별로일 때도 있었어. 자유로운 분위기는 물론 좋았지만, 학교에서 보내는 시간이 너무 길었어. 사교육이 없는 만큼 과제가 많았고, 방과 후 남아서 하는 것도 많았어. 너무 더불어 사는 느낌이라 좀 피곤하기도 했고. 가장 좋았던 건 자기 생각과 소신을 표현하는 법을 배운 것.

자신의 10대를 한마디로 정리한다면?

'지금보다 별로였다'. 왠지 모르지만 나이가 드는 만큼 더 행복한 것 같다. 초등학교 때보다 중학교 다닐 때가 나았고, 고등학교 때보다 지금이 더 행복해. 싫었던 건 아닌데, 딱히 그때로 돌아가고 싶다는 생각은 들지 않아.

좋아하는 것으로 자신을 설명한다면?

맛있는 음식 먹는 것과 멋진 모델 사진 보는 거. 그리고 매일 밤 힘들게 머리를 말리고 나서 보송한 상태로 눕는 순간도 굉장히 좋아해. 좋은 음악을 찾았을 때도. 사귀는 순간보다 혼자서 좋아하는 마음이 생길 때가 더 설레는 것처럼.

반대로 싫어하는 것으로 자신을 설명한다면?

오이냉국 너무 싫어. 그리고 오지랖 부리는 말도 싫어. '다리가 너무 굵어요' '음악이 별로예요'라고 인스타그램 DM을 보내는 사람들이 있어. 사실 음악이 별로라는 건 괜찮아. 열심히 해서 나아지면 되니까. 그런데 노력으로 바꿀 수 없는 걸로 욕하는 건 싫다. 키가 너무 작다는데 뭘 어쩌라는 건지.

곡을 만들면 주위 친구들에게 들려주나?

다들 좋다고만 해. 그건 입에 발린 말이잖아. 다행히 딱 한 명, 솔직하게 말해주는 친구가 있어. 고등학교 친구인데 외국에서 음악을 하고 있어. 걔는 진짜 정확하게 말해줘. '20초 부분 별로니까 바꾸는 게 어때?'라거나 '가사 너무 유치한데?' 하는 식이지. 바로 반영해. 싫으면 싫다고 말해주는 게 더 좋아. 좋다고만 말해줘서 나아지는 건 하나도 없어.

앞으로의 랩 가사에 평생 쓰고 싶은 세 가지 단어를 고른다면?

나, 너, 우주. 지금까지 우주에 관한 내용을 담은 곡이 많았어. 내게 제일 큰 표현이 우주거든. 하고 싶은 음악 스타일도 무중력 상태에서 웅웅거리듯 들리는 분위기에 가까워. 편안하게 들을 수 있는 음악을 하고 싶어.

어른이 되어도 절대 하고 싶지 않은 게 있나?

생각을 바꾸지 못하는 어른은 되지 않을 거다. 한 사람의 어떤 면을 보고서 쉽게 단정해버리면, 그 사람에게서 볼 수 있는 다른 면을 놓치게 되잖아. '내가 그렇다면 그런 줄 알아'라고 단정 짓는 어른은 되지 않는다. 꼰대는 되지 말자는 거다.

가장 가까이 있는 꿈과 가장 멀리 있는 꿈은 무엇인가?
가장 가까이는 멜론에 내 음악을 올리는 것. 가장 멀리는 유명한 뮤지션이 되는 것. 어떤 형태로든. 니키 미나즈(Nicki Minaj)만큼 유명해지면 기분이 어떨까?

유명한 사람이 되어서 특별히 하고 싶은 일이 있나?
좋아하는 것들을 맘껏 하는 거지. 그냥 다 하고 싶어. 아디다스 모델도 하고 싶고. □

이수린 Luda

루다 이전에는 랩네임 ‘배디호미’로 활동. 중학교 때부터 싸이퍼와 프리스타일 랩으로 언더그라운드 힙합 신에서 이름을 날렸다. 딕키즈 크루의 멤버로 ‹고등래퍼›에 등장, “딕키즈 크루는 현존하는 10대 힙합 크루 중에서 제일 쩔고 멋있고 잘한다”고 언급해 화제가 됐다. 래퍼 노토리어스 비아이지의 옷으로 유명한 쿠지 니트에 컬러 선글라스와 베레를 착용하는 등 독특한 패션으로도 주목 받았다.

인스타그램: dickidssureen

사운드클라우드: 없음

이수린
랩네임: 루다(Luda)
– 1998년 경기도 성남 출생
– 성남 불곡중학교 졸업
– 성남 불곡고등학교 중퇴
– 2017년 싱글 앨범 [I Will Give You All I Got] 발매
– 힙합 크루 ‘딕키즈’ 소속

I mean 우린 일단 벌어야지 돈
I mean 그래야 멋있게 살지 더
I mean we should do work 주디 닫고
Go there go there, we hate 어설픈 행동
걔가 나랑 사진 찍자면서 손을 잡았지
그리고선 사진 찍을 때는 폼을 잡았지 ho ho
티는 내지 않았지만 그때 내 기분은
유명인이 된 것 같았지
작년 freestyle battle champion that swag
300만 원 중 200만 원 뚝 떼
엄마 아빠 줬어 전 판 발렸어도
결국 내가 이겼어 존재인
현찰 30장 난 처음 봤지 수표
알바 머니 한 달로는 절대 꿈도 못 꿔
내가 생각하기엔 인생이란 건 복권
꼴아박고 꼴아박고 꼴아박다 보면 당첨
멋진 옷 입어야 돼 간지 내려면
거지 같은 옷 버리고 나니 남은 게 없어
쩌리들은 짜지고 let me break the bank homie
홈런을 치러 가야 될 것 같아 major league

이에 끼는 '그릴즈' 불편하지 않은가?
선글라스 같은 거지. 불편해도 쓰는.

힙합을 하기 위해서는 스타일이 중요하다고 생각하나?
돈은 없는데 멋은 부리고 싶어서 구제 옷을 많이 샀어. 오늘 입은 옷도 다 구제야. 사실은 자존감이 낮아서 그릴즈를 끼는 거다. 튀게 입는 것도 그런 이유일 거야. 액세서리 같은 게 없으면 바깥에 잘 못 나가. 아무도 신경 안 쓰는데 나 혼자 반지 꼈는지 그릴즈 꼈는지 귀고리 했는지 등등을 체크하지. 선글라스를 쓰는 것도 마찬가지. 몸에 반짝거리는 게 하나라도 있어야 그나마 자존감이 생겨.

왜 자존감이 바닥인가?
내 외모를 좋아하지 않아. 키가 작은 것도 콤플렉스고. 어깨도 좁고 몸도 비실비실해. 내 쌍꺼풀 진 눈도 좋아하지 않아서 쌍꺼풀이 덜 보이게 눈을 게슴츠레 풀고 다녀. 만약 외모를 선택할 수 있다면 긴 다리와 조그만 얼굴, 쌍꺼풀 없는 눈을 선택했을 거야. 좀 싸하게 생긴 얼굴 있잖아. 요즘 말로 '시크한' 얼굴.

음악은 언제부터 시작했는지?
원래는 그림을 그리고 싶었는데 붓질엔 재능이 없더라. 공부도 싫고 운동도 싫어하고 '잘하는 게 아무것도 없는' 그런 타입이었어. 그러다가 중1 때 누나 MP3에 있던 소울 컴퍼니와 크리스 브라운의 음악들, 또 패볼러스(Fabolous)의 Throw It In The Bag 같은 노래를 들었어. 무슨 뜻인지는 모르지만 좋더라. 네이버 지식인에서 랩 가사에 관한 것들을 검색해보니 따로 안 배워도 된대. 그때부터 가사를 써보고 녹음도 해보고

프리스타일 랩을 하면서 놀았다. 길거리에서 즉흥적으로 랩을 하는 싸이퍼 문화도 알게 됐고. 궁금해서 한번 찾아가봤어. 거기서 랩을 했더니 사람들이 "어린데도 잘한다"고 했다. 누군가에게 '잘한다'는 소리를 그때 처음 들어봤어. 그 뒤로 정말 잘하는 줄 알고 여기까지 온 거다.

‹고등래퍼›에는 어떻게 나가게 됐나?

사실 나갈까 말까 고민 많이 했어. '고등'이란 딱지가 정말 싫었다. 우리 크루에는 자퇴생도 많았으니까. 게다가 딕키즈 크루 나름의 자부심이 있었어. 작지만 좋아해주는 팬덤도 있었고. 한편으로는, ‹고등래퍼›가 우리에게 쉬운 게임이라는 생각이 들었어.

‹고등래퍼›로 얻은 것과 잃은 게 있다면?

'내가 이렇게 사랑받을 수 있는 사람이구나'라는 걸 알게 됐어. 잃은 건, 순수함? 방송 때문인지 스무 살이 돼서 그런 건진 모르겠어. 흔히 말하는 '록스타 라이프'를 너무 빨리 경험한 것 같아. 10대 때 가지고 있던 동심이 다 깨졌다. 너무 많은 여자들을 만나서. 마냥 즐겁지만은 않더라. A형이라 그런지 록스타 라이프와는 안 맞나 봐. 요즘엔 건전한 연애 생활을 하고 있어.

자신의 10대를 한마디로 정리해본다면?

'멍청해서 용감했다'. 그 문장이 떠올라. 몰라서 무모했어. '난 될 놈이고 내 친구들 다 잘될 거야'라는 기대는 늘 가졌지만 우리 크루가 이렇게까지 클 줄은 몰랐어. 물론 꿈꾸는 것에 비하면 여전히 작지만 그래도 커다란 관심을 받았잖아. 딕키즈라는 팀이 이렇게까지 유명해진 건, 진짜 말도 안 된다고 생각해. 미숙하고 모자란 점도 많았다. 이런 날이 그렇게 갑자기 오리라고는 예상을 못해서.

<ins><고등래퍼>에서 이렇게 말했다. "현존하는 10대 힙합 크루 중에서 딕키즈 크루가 제일 쩔고 멋있고 잘한다"고.</ins>

그럼, 우린 최고다. 그게 모토야. 이런 생각을 해야 1등을 할 수 있다고 생각해. 난 수능도 안 보고 대학도 안 갔지만 '서울에 있는 대학에 가고 싶으면 서울대를 목표로 공부해라'는 말이 있잖아. 내게 재능이 부족하다는 것도 알아. <고등래퍼> 참가자 중에서 (윤)병호와 내가 랩 제일 오래했을 거야. 근데도 우린 1등을 못했잖아. 그래서 더더욱 최고라고 생각하고 열심히 하려는 거야.

<ins>딕키즈 크루는 직접 만들었나?</ins>

나와 다른 친구와 그 친구의 친구, 이렇게 셋이 모였을 때 내가 이야기를 꺼냈어. 중학교 때만 해도 함께 랩할 수 있는 친구들이 거의 없었어. 사실 딕키즈 크루도 처음엔 초라했고 다들 랩도 진짜 못했다. 그래도 같은 꿈을 꾸는 친구들이 생긴 게 너무 좋았어. 그래서 팀을 만들자고 했고. 게다가 나는 '아싸'(아웃사이더)였다. 학교에선 괜히 따돌림 당하는 기분이 들었어.

<ins>그래서 학교도 그만둔 건가?</ins>

고등학교 2학년 때 안 좋은 일이 있었어. 딕키즈 크루 애들도 다 자퇴한 마당이라 나도 그러고 싶었지. 오히려 그 일 덕분에 학교 때려치울 수 있겠다 싶어서 좋아했다. 이런 말하면 신성모독으로 들릴까? '그때의 그 자퇴는 하나님이 주신 최고의 선물이 아니었을까' 하는 생각도 해.

무슨 일이 있었기에?

자세히 말할 수는 없고, 고소를 당했어. 잘못한 게 없으니까 무죄가 나왔는데도, 학교에서 나를 바라보는 시선이 안 좋았고 친구들도 다 사라졌어. 애초에 친구도 많지 않았지만, 그 사건으로 그들도 내 편이 아니라는 걸 확실히 알게 됐지. 빨리 자퇴하고 싶었어.

학교에서 배운 건 없다고 생각하나?

학교를 증오하거나 잘못됐다고 생각하는 건 아닌데 재미가 없었다. 그냥 내가 있을 곳이 아니라는 생각이 들었어. 엄마한테도 그렇게 말했어. '엄마가 왜 학교를 다니라고 하는지 알겠다, 근데 엄마가 생각하는 아들의 모습과 진짜 내 모습은 다르다, 난 대기업에서 입사시켜준다고 해도 마다하고 방구석에서 음악하고 있을 놈이다, 엄마가 걱정해주는 건 고맙지만 결국 내 삶은 내가 사는 거다, 그냥 날 믿고 응원해줬으면 좋겠다'라고. 그러고는 자퇴하고 열심히 놀았다. 나한테는 랩하는 게 노는 거니까.

지금껏 쓴 랩 가사 중 자신을 가장 잘 설명하는 구절은?

'배디호미'라는 랩네임을 사용할 때 쓴 "2011년의 난 열네 살 꼬마 아무것도 모른 채로 이어폰을 꽂아"라는 구절. 그때도 꼬마였지만 지금도 꼬마지. 10대 때 아무것도 모른 채로 시작했고 우리가 뭘 하는 줄도 몰랐지만 그냥 재미있고 멋있어서 했어. 사실 그렇게 특별한 사람이라고 생각 안 한다.

"돈이라는 단어가 머릿속에서 너무
커져버렸어. 돈이 날 집어삼키고 있어.
나이에 비하면 적게 버는 건 아니라고
생각하는데, 더 갖고 싶어."

좋아하는 것과 싫어하는 것으로 자신을 설명한다면?

좋아하는 것도 돈이고 싫어하는 것도 돈이다. 애새끼니까 그냥 말할게. 스무 살이 되고부터 돈이라는 단어가 머릿속에서 너무 커져버렸어. 돈이 날 집어삼키고 있어. 나이에 비하면 적게 버는 건 아니라고 생각하는데, 더 갖고 싶어. 더 좋은 환경에 있고 싶고, 더 멋진 옷을 입고 싶고, 더 맛있는 것을 먹고 싶다는 어리광이지. 나 졸라 애새끼거든. 난 멋을 부려야 해. 진지해지는 게 싫고 즐거운 가사만 쓰고 싶어. 근데 돈이 없어서 하고 싶은 걸 못 하면 슬픈 가사만 쓰게 될 것 같아. 그 종이쪼가리에 사람들이 휘둘리는 게 싫고도 좋고, 좋고도 싫어. 돈이 행복의 전부가 아니라는 건 부자들만 알겠지.

가장 가까이 있는 꿈과 가장 멀리 있는 꿈은 무엇인가?

외할아버지가 무척 엄해. 공부도 못하고 옷도 이상하게 입고 랩하고 다니니까 할아버지한테 많이 혼났다. “딴따라가 쉬운 줄 알아?!”라고 말하는 할아버지께 인정받는 게 가장 가까이 있는 꿈이야. ‘할아버지, 저 딴따라 잘하고 있어요. 이걸로 돈도 벌고 있어요’라고. 처음 방송물 먹기 시작할 때는 야망이 개쩔었어. 어린 나이 치고 버는 돈이 크니까 금세 다 이룰 수 있겠다 싶더라. 근데 갑자기 그런 생각이 들었어. 아빠는 나랑 비슷한 나이에 무슨 생각을 했을까? 청년 시절의 아빠는 과연 어떤 꿈을 꿨을까? 아빠보다 멋진 사람이 되는 게 가장 멀리 있는 꿈이다. 내 랩네임 ‘루다’가 ‘이루다’의 루다거든. 꿈이 없었다면 이 자리에 없었을 거야.

앞으로 어떤 음악을 하고 싶은가?

남들에게 교훈 같은 거 줄 생각은 없어. 내 이야기를 솔직하게 쓸 거다. 어떤 얘기든 거기에 교훈은 있겠지만. 여자친구

얘기도 많을 거야. 지금 여자친구에게 푹 빠져 있거든. 멋지게 포장할 것 없이 내가 얻은 경험과 감정을 그대로 담을 거야. 힙합은 그런 거라고 생각해. 내가 살고 있는 방식을 가사에 녹여내는 거.

여자친구에 대해 할 말이 있나?

키가 되게 커. 나보다 5cm나 크다. □

최석현 Moodie

초등학교 1학년 때부터 악기를 접하기 시작해 피아노 5년, 드럼 2년, 기타 2년을 배웠다. 고등학교 때는 미디 작곡을 배웠다. 이후 데모테이프를 만들어 여러 회사에 보냈고 그중 유일하게 응답해온 '리플럭스 사운즈'에 잠시 소속돼 있기도 했다. 여느 래퍼와 달리 자기 이야기가 아닌 만들어낸 이야기를 가사로 쓰며, 싱어와 래퍼가 결합한 '싱퍼'를 꿈꾼다.

인스타그램: thatsmymoodie

사운드클라우드: moodhomie

최석현
랩네임: 무디(Moodie)
– 1999년 경기도 용인 출생
– 용인 포곡중학교 졸업
– 용인 포곡고등학교 졸업
– 2017년 싱글 앨범 [So We] 발매
– 힙합 크루 '폴라로이드'(Polaroid) 소속

Truck by 최석현

Let's ride on my truck
누가 보기 전에 서둘러 등 뒤에 전부 실어 스내어
Ride on my truck
도망가기 전에 재빨리 등 뒤에 전부 담아 돈

Plz give me your trust
누가 보기 전에 서둘러 등 뒤에 전부 실어 스내어
Give me your trust
도망가기 전에 재빨리 등 뒤에 전부 담아 돈

넌 나를 믿어야지 그래 개처럼
의심하지 말고 그냥 놀아 애처럼
다 밀어놓고 뛰어들어 맨발로
여긴 우리 사랑뿐이니까 let's ride up

Oh days 나는 똑같지 매일
너는 어떤데 그게 중요한 거지
내 맘까지 실어 전부 날라야 해
힘들지 말라던 너도 태워야 돼

Let's ride one life
우리끼리 가자 내 트럭은 get fire
내 pam get higher
우리 보여주면 되잖아 쉽잖아 hot

Step by one time
전부 가져가면 되잖아 새파란 돈돈
Mariposa 모토 내 깨끗한 동공
Pull up with my 동포도 똑같이 번 돈

Let's ride on my truck
누가 보기 전에 서둘러 등 뒤에 전부 실어 스내어
Ride on my truck
도망가기 전에 재빨리 등 뒤에 전부 담아 돈

Let's ride on my truck
누가 보기 전에 서둘러 등 뒤에 전부 실어 스내어
Ride on my truck
도망가기 전에 재빨리 등 뒤에 전부 담아 돈

좋아하는 것과 싫어하는 것으로 자신을 설명해달라.

좋은 것도 싫은 것도 딱히 없어. 그때그때 달라. 평소엔 좋아하던 것도 기분이 나쁘면 꼴 보기 싫어지는 식으로 변덕이 심한 편이야. 한편으로는 주관이 강하지 않아서 남의 의견을 잘 듣는 편인데, 마음에 쏙 드는 가사를 쓰고 나서도 다른 사람이 싫다고 하면 나도 마음이 식어버려. '피할 수 없으면 즐겨라'라고 하잖아. 근데 나는 즐기지 못할 것 같으면 그냥 피해버려. 가능한 한 최선을 다해서 피해.

힙합을 좋아하게 된 계기는?

중학교 2학년 때 YG의 서바이벌 프로그램 ‹윈: 후 이즈 넥스트›에서 바비가 랩하는 걸 봤는데 너무 멋진 거야. 연습생이 자기 가사를 쓴다는 게 신기하고 대단해 보였어. 어떻게 그 사람이 쓴 가사가 음원으로 나오고 사람들이 듣는 거지? Climax라는 곡은 바비의 엄마에 대한 이야긴데 어려운 문장이 아닌데도 좋더라. 그때부터 열심히 가사를 썼어. 고등학교에 들어가면 다들 공부만 할 줄 알았는데 더 안 하더라고. 학교에선 잠만 자고 집에서 노래를 만들었어. 그렇게 만든 노래들을 수십 군데 기획사에 무작정 보냈지. 딱 한 군데서 연락이 왔다.

‹고등래퍼›는 어떻게 나가게 됐나?

망신만 당할 것 같아서 안 나가려고 했어. 근데 별로 친하지도 않은 어떤 형이 "내가 너였으면 나갔다"고 하더라. 완벽한 설득이었지. 바로 다음날 신청했어. 처음에 랩 시작할 때 딕키즈 크루 형들의 음악을 많이 들었고, 한때는 그 사람들이 힙합의 전부인 줄 알았어. 근데 어떻게 내가 루다(이수린) 형과 같은 공간에 있나 싶어 ‹고등래퍼› 촬영 내내 얼떨떨했어. 다른 사람 앞에서 랩을 한다는 것도 낯선 경험이었고. 방송 끝나고도 한두 달까지는 계속 기분이 이상했어.

랩으로 하고 싶은 이야기가 있나?

대부분의 노래는 내 이야기가 아니야. 난 노래고 랩이고 다 연기라고 생각해. 랩네임이 '무디'인데 실제 최석현과는 달라. 사람들 앞에 나서는 건 최석현이 아니라 무디고 다 연기야. 어쩌면 3분짜리 노래를 끝까지 듣게끔 만드는 게 가수들의 목표잖아. 그렇기 때문에 연기를 하는 거고, 다 거짓말인 셈이지. 다른 래퍼들은 자기 메시지를 전하는 걸 랩의 본질로 치는데, 난 그렇지 않아서 스스로 페이크 래퍼가 아닐까 고민한 적도 있어.

돈 많다고 자랑하는 Get Money 같은 곡도 그렇게 쓴 건가?

다 뻥인 거지. 솔직히 굴곡이 큰 인생을 살지 않았어. 누구랑 싸워본 적도 없고 집안이 폭삭 망한 적도 없고. 평범한 인생이었지. 그래서 하고 싶은 나만의 이야기가 없어. 가끔 생길 때도 있지만, 금방 까먹어.

아이돌 최유정을 위한 노래 no.101도 연기인가?

좀 애매한데. 그 비트를 준 형이 랩을 달콤하게 써달라는 거야. 근데 달콤한 게 뭔지 감이 잘 안 잡혔어. 마침 최유정이 인기가 많을 때여서 이것저것 찾아봤는데, 실제로 사람이 재미있고 귀엽더라. 그래서 애매해. 엄청 좋아하는 건 아니지만 가사를 쓰면서는 약간 호감을 갖게 됐어.

랩네임은 왜 '무디'인가?

친구라는 단어 '호미'(Homie)와 '무드'(Mood)를 합친 거야. 내 음악은 친구들로부터 나온다고 생각하거든. 영화 ‹아메리칸 파이›에 나오는 또라이 '스티플러' 아나? 그 사람처럼 되고 싶어서 '아메리칸 파이'라는 이름도 랩네임으로 생각했었어. 내가 1999년생인데 그 영화 시리즈도 1999년에 처음 나왔다. 스티플러는 ‹아메리칸 파이› 3편부터 주인공이 돼. 결국 나도 갈수록 주연이 되고 싶다는 의미까지 곁들여지는 거지. 근데 사람들이 너무 어렵대. 네이버에 '아메리칸 파이'를 치면 야릇한 포스터가 나오는 것도 좀 그렇더라. '뉴 키드 플래닛'이라는 이름도 고려했었어. 초등학교 땐 천문학자가 되고 싶었어. 별, 우주, 외계인, 이런 걸 좋아해서. 지금도 그래. 행성 사진만 봐도 좋아.

천문학자의 꿈은 왜 포기했나?

천문학자가 되려면 우주에 대한 사실 하나를 발견해서 논문으로 써야 하는데, 그건 힘들 것 같아.

고향 용인을 소재로 노래를 만든다면 어떤 곡을 쓰고 싶은가?

용인이 좀 신기해. 산도 있고 강도 있고 논도 있는데 기흥구 같은 데 가면 갑자기 번화가가 나와. 반대로 10분 전만 해도 북적거리는 맥도날드에 있었는데 금세 논 풍경이 눈앞에 펼쳐져. 용인을 주제로 랩을 쓴다면 내 이야기를 쓸 것 같아. 매드 클라운 형도 용인 출신이다. ‹고등래퍼› 촬영할 때 화장실에서 만났는데 나 보고 "용인 사람이죠?" 하더라고. 그 형의 노래 우리집을 못 찾겠군요는 실제 용인에 있는 카페 이름이다. 나도 그런 식으로 용인의 기억에 남는 장소에 대해 쓸 것 같아.

어른이 되어도 절대 하고 싶지 않은 게 있나?

난잡한 걸 안 좋아해. 공교롭게도 힙합은 굉장히 난잡하다는 인식이 있잖아. 예컨대 공연 때문에 클럽은 가겠지만 내가 즐기려고 갈 일은 없을 거야. 유흥은 안 할 것 같아.

가장 가까이 있는 꿈과 가장 멀리 있는 꿈은 무엇인가?

늘 다음 목표를 정해. 가장 가까운 꿈은 앨범을 내고, 내 노래를 차트 상위권에 올리는 거지. 괜찮은 회사랑 계약하면 더 좋겠고. 가장 멀리 있는 꿈은, 내가 생각하는 위치에 갔을 때 좋은 사람들을 모아서 AOMG처럼 트렌디한 레이블을 만드는 거야. 그러고는 빌보드에 이름을 올리는 거다. 미국에서 영어로 음악을 해보고 싶어.

"이제 랩 스킬은 큰 의미가 없다고
생각해. 랩 잘하는 사람은 너무 많으니까.
그런 건 테크닉을 뽐내는 이벤트성
프로그램에서만 유효한 것 같아."

요즘의 트렌드 중 주목하고 있는 게 있나?

이제는 랩과 노래의 구분이 없어. 싱퍼(싱어+래퍼)라고 하잖아. 식 케이(Sik-K)도 그렇고 박재범, 로꼬(Loco)도 마찬가지고. 그들이 미리 유행을 바꿔놓아서 그런 음악을 하고 싶은 내 입장에선 고마워. 요즘은 그냥 자기가 래퍼라고 하면 래퍼고, 보컬이라고 하면 보컬이야. 다른 사람들은 가수라고 하지만 포스트 말론 스스로는 래퍼라고 하는 것처럼. 이제 랩 스킬은 큰 의미가 없다고 생각해. 랩 잘하는 사람은 너무 많으니까. 그런 건 〈쇼미더머니〉나 〈고등래퍼〉처럼 테크닉을 뽐내는 이벤트성 프로그램에서만 유효한 것 같아. 앞으로는 '느낌 싸움' 아닐까? 딘(DEAN)이 왜 인기가 있겠어. 화성학적으로 좋은 느낌이 나니까 가능한 거야. 생각해봤는데 좋은 느낌을 내는 방법은 음악적 이해력을 타고났거나 습득했거나, 둘 중 하나인 것 같아. 사람 몸엔 화성학이 내재돼 있거든. 천재들은 자기가 뭘 하는지도 모른 채 잘하는 경우가 많잖아. 축구선수 메시 인터뷰를 봐도 "어떻게 그렇게 하냐"고 물어보면 "그냥 되니까"라고 말해.

오늘 입고 온 스타일에 대해 한마디 한다면?

요즘 든 생각인데, 양복 입고 도서관에 가서 공부할 순 없는 것 같아. 내가 하는 음악에 어울리는 옷을 입는 게 맞겠지. 그래서 옷 좀 사려고. 얼마 전에도 반스(Vans) 신발을 다섯 켤레 샀어. □

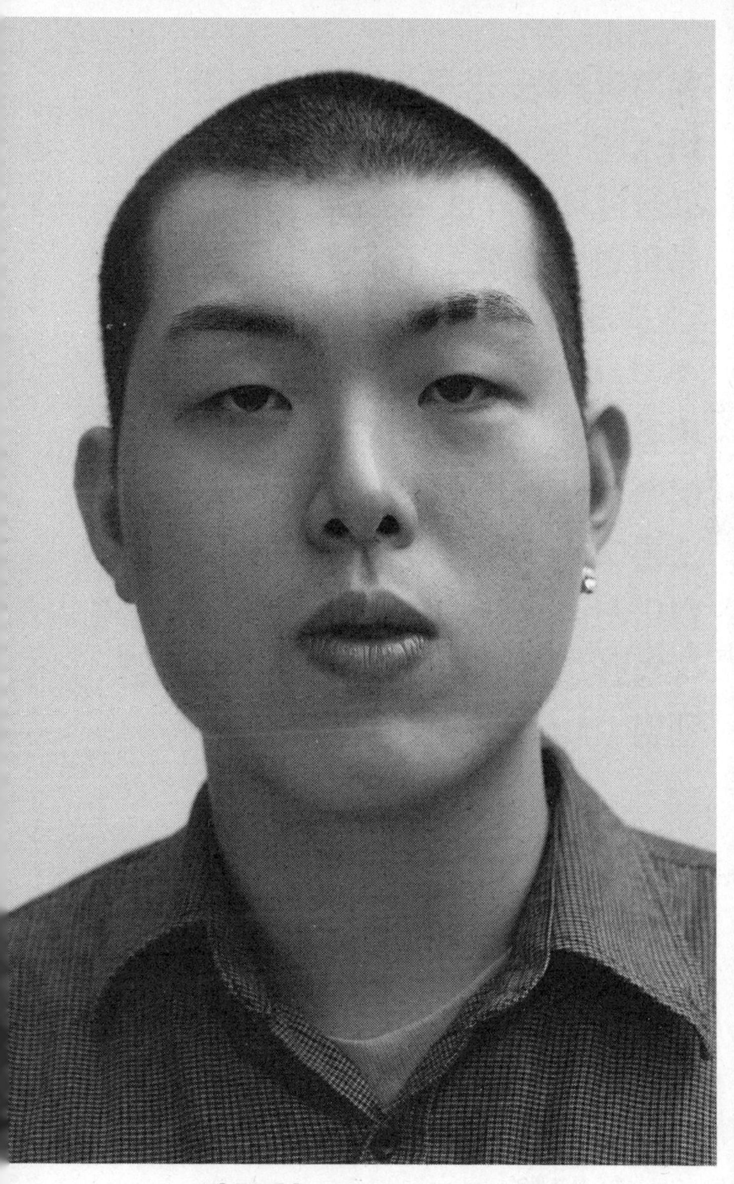

김규헌 HunnyHunna

일찍이 각종 콩쿠르에서 입상한 바 있는 클래식기타 유망주였다. 고등학교 3학년 때 진짜 하고팠던 음악인 힙합으로 진로를 바꿨다. ‹고등래퍼› 경인 서부 지역선발전에 출전, 예선 1위를 했지만 모두 편집됐다. 할아버지가 돌아가셔서 어쩔 수 없이 상복을 입고 무대에 오른 자신의 이야기가 공개되길 원치 않아서다. 방송 이후로도 꾸준히 음악 작업을 계속하며 2018년 정규 1집 앨범 [Museum]을 발표했다.

인스타그램: hunnyhunna

사운드클라우드: hunnyhunna

김규헌
랩네임: 허니허너(HunnyHunna)
– 1998년 경기도 고양 출생
– 고양 가람중학교 졸업
– 고양 서정고등학교 졸업
– 2018년 정규 1집 앨범 [Museum] 발매

Back Again by 김규헌

No money no problem
꿈을 하얗게 칠했던 때
On the tv goblin 같은 새끼들이
넘쳐나던 그 동네에선
나를 검게 만들어야 했지
그러다 보니 못 섞여

진짜 친구와 믿음 팔아먹는
가식을 까는 저 이들과
눈치 싸움만 해야 했을 때
변했다고 말한 친구
충격을 받은 채 헤맬 때쯤
내 발걸음은 나를 이끌었지

저곳에 빛이 떠다니던
차도에서 나 호흡해
악몽들이 맴돌 때
난 brainstormin'
저 차도로 뛰어갈지 말지를
그래 맞아 나는 등지려 했지 저 서울시를

Take a breathe close the eyes
Jump in to the…
Take a breathe close the eyes
Jump in to the…
가까워진 빛 그 순간 보인 건 찢어진 고양이 시체
무서워진 빛 그 순간 정신이 들고 이제 와선 믿네
그 고양이가 나 대신 죽어줬다고
I'm back again from the devil
이제 나를 믿어 just follow

I'm back from the devil never goin' down
I'm back from the nightmare
Never goin' down
I'm back from the devil never goin' down
I'm back from the nightmare
Never goin' down

I'm back 내가 쓰러졌을 때도
I'm back 내가 무너졌을 때도
I'm back 내가 철없었을 때로
I'm back 내가 행복했던 때로

고장 난 propeller wall of berlin
나를 막아버린 slump 몇 갠지도
모를 감정들이 내 옆에 있지
물론 단번에 이길
자신은 없고 나와 방송에 비친
친구들은 내 말 들어

취하지 말고 적당히 마셔
괜히 허풍 떨지 말고
Media의 fire 그건 몇 개월
몸으로 체감한 순간
느낀 거야 잊혀진 채로
남기엔 욕심이 커졌대도

알아줄 사람 하나 없지
유일무이 하고 싶던
나도 구인구직 하다 보니
주위 눈이 신경 쓰이는 게 현실

Louis Vuitton 그녀의 어깨 위
올려놓은 친구들

사이에서 나는 하나 못했지
결국 돈에 목맨 뒤엔
전부 잘 보이더라
선배들이 망쳐놓은 게
xx 고맙다 이 새끼들아
결국 그게 나를 바꿔놓은 계기

이제 다음 page 다음 decade
내 이름 새겨넣어 저 돌 위에
다음 세대 rapper 친구들은
잘해 봐 재네 피 쏠리게
Ha 이제 내가 바꿔놔야지
I'm back again from the nightmare
이제 나를 믿어 just follow

I'm back from the devil never goin' down
I'm back from the nightmare
Never goin' down
I'm back from the devil never goin' down
I'm back from the nightmare
Never goin' down

I'm back 내가 쓰러졌을 때도
I'm back 내가 무너졌을 때도
I'm back 내가 철없었을 때로
I'm back 내가 행복했던 때로

김규헌

고등학교 졸업한 소감은?

학교 생활이 좀 그리워. 대학교도 안 갔으니까.

대학교 진학은 언제 포기했나?

고등학교 3학년 때. 집안 반대가 심했지만 안 가겠다고 부모님을 설득했지.

대학 교육은 필요 없다고 보나?

대학 교육은 필요 없는데 친구들 보니 대학 생활은 좀 부럽더라. 근데 그 친구들은 도리어 내 자유를 부러워하니 아이러니지. 난 지금의 자유를 음악 만드는 데 쓰고 있고.

자신의 10대를 한마디로 정리한다면?

평범하진 않았던 것 같아. 중학교 시절 몸무게가 130kg이었어. 지금도 인상이 센 편인데 그때는 더 셌어. 성격도 별로였고. 친구들이 날 좀 무서워했지. 좋아하는 여자한테 차인 걸 계기로 고1 때부터 살을 뺐다. 체중이 줄면서 자연스럽게 성격도 둥글둥글해지더라. 고등학교 때는 학생회 하면서 대인관계도 나아졌고.

힙합은 언제부터 시작했나?

고등학교 1학년 겨울부터. 아버지가 화가셔. 자기는 고상한 예술을 하는데 아들은 아니니까, 반대를 많이 하셨어. 어려서부터 클래식기타를 쳤고 콩쿠르에서 상도 받고 해서 부모님은 당연히 그 길로 가겠거니 하신 거지. 결국 고3 때 편지를 써놓고 일주일간 집을 나갔어. 학교 생활에 지쳐서. 음악에 시간을 투자하고 싶은데 학교 다니면서는 불가능했다. 가출하기 전날, '음악을 잘하고 싶은데 난 왜 이거밖에 못하나' 싶어서 엄청 울었어. 화가 나서 가로등에 머리도 들이받고.

결심했다. 나 자신을 다시 찾을 시간이 필요하다고.

집을 나가서 어디로 갔나?

북한산에 올랐어. 산 정상을 밟고 내려와서는 평소에 따르던 형을 찾아갔지. 그 형이랑 음악 이야기를 하면서 정자에 누워 하늘을 바라봤어. 정자에 누워 하늘을 바라본 게 처음이었다. 혼자 자전거 빌려서 서울까지 타고 가면서 노트에 가사를 썼어. 부모님은 당연히 걱정하셨지. 집을 나가 있는 동안에도 부모님 전화는 받았어. 아빠 전화가 무서웠지만 받았어. 결국 인정을 해주셨다. 원하는 거 하라고. 그때가 인생의 첫번째 전환점이었어.

힙합에 어떻게 빠지게 된 건가?

사촌 형이 힙합을 좋아했어. MP3 가져가서 형이 듣던 노래를 넣어오곤 했어. 외국곡이 많았는데 가사를 찾아보니 소외받는 이가 자기 영역을 넓혀가는 이야기들이 눈에 띄었어. 멋있었어. 자기 얘기를 그렇게 할 수 있다는 것도 좋았고. 중학교 땐 사촌 형이 축제에 나가서 랩하는 걸 보게 됐어. 무대 아래서 학생들이 형 이름을 마구 불러대더라. 황홀했어. 그러다가 고등학교 1학년 수련회에서 빈지노의 Aqua Man 랩을 카피했는데 음악 선생님이 합창부에 와서 랩을 해보라는 거야. 마침 3학년에도 랩하는 형이 있으니 같이 해보라고. 그때 만난 형이 가출하고서 찾아간 그 형이야. 내겐 지주 같은 사람이지. 형 도움으로 가사도 처음 써보고 녹음도 해보고 작업물을 처음 내봤어. 친구들한테 곡을 들려주는데 기분이 정말 좋았다.

무슨 내용의 곡이었나?

부모님 말대로만 사는 친구들을 안타까워하는 내용. 부모님

ROSE BUD

뜻에 순응하며 살아가는 삶이 싫었어. 하고 싶은 게 따로 있는데 부모님이 공부하란다고 마음에도 없는 공부에 매인 친구들도 안타까웠고. 사람은 하고 싶은 걸 하고 살아야지 인생에 후회가 없는 것 같아.

지금껏 쓴 랩 가사 중 자신을 가장 잘 설명하는 구절은?

‹고등래퍼› 파이널에서 부른 Star가 가장 의미가 큰 곡이다. 특히 "할아버지 장례식 중 와야 했던 상황 속에 많은 걸 안고 오는 택시 안에서 난 가늠이 못할 만큼 울었어 누군가는 감성팔이라 믿기 때문에 올라와야만 했어 파이널까지"란 부분. 촬영 전날 할아버지가 돌아가셨다. 교복을 챙길 겨를이 없어서 상복을 입고 촬영장에 나갔어. 그걸 보고 제작진이 '할아버지가 돌아가셨는데도 여기 와서 열심히 랩을 한 너의 이야기를 내보내자'고 했다. 싫다고 했어. 할아버지를 도구로 쓰는 것 같았고, 감성팔이 하고 싶지 않았어. 그럴 거면 그냥 통편집시켜달라고 했다. 내 힘으로 끝까지 올라가서 마지막에 이야기하고 싶었어. 그게 예의라고 생각했다.

‹고등래퍼› 이후 바뀐 게 있다면?

음악 색깔도 다양해졌고, 확실히 실력이 는 것 같다. 무엇보다 내 음악을 들어주는 분들이 많아졌다는 게 좋고. 난 해마다 목표를 세워. 그래서 1년 후가 늘 궁금해. 스무 살의 목표는 사람들에게 내 이름을 알리는 거였는데 생각보다 빨리 이룬 셈이지. 그냥 랩 잘하는 사람이 되고 싶진 않아. 그런 사람도 아니고. 다양한 장르가 섞인 앨범을 만들 거야. 내가 어떤 음악을 잘하는지 아직 모르니까 하나하나 시도해보면서 찾으려고.

김규헌

"남들이 다 하는 것, 남들이 해온 대로 따르는 것, 남들과 똑같이 사는 게 싫어. 한 번뿐인 삶이니까 좀 다르게 살고 싶어."

우상이 있다면?

켄드릭 라마가 제일 멋있는 것 같다. 닮고 싶은 점이 많아. 가령 흑인이 소외받는 현실을 노래한다고 할 때, 그는 공연무대까지 그 주제에 맞춰서 연출해. 게다가 켄드릭은 랩에 갇힌 사람이 아니야. 새 앨범을 낼 때마다 언제나 다른 색깔을 내지. 바닥부터 올라와서 더 멋있기도 하고. 그렇다고 그와 똑같이 되고 싶은 건 아니야. 우린 다른 것들을 경험했고 다른 것들을 바라보니까.

앞으로의 랩 가사에 평생 쓰고 싶은 세 가지 단어를 고른다면?

빛, 어둠, 삶. 내가 그렇게 살아왔거든. 어둠과 빛을 번갈아. 다행스럽게도 어둠에서 시작해서 빛으로 끝난 경우가 많았어.

음악을 하는 가장 큰 이유는 무엇인가?

너무나 자연스러워서. 자연스럽게 시작했고 자연스럽게 좋아하게 됐어. 음악을 하지 않는 자신을 떠올린 적이 단 한 번도 없어. 어떤 고민도 가사를 쓰다 보면 조금씩 풀려가는 느낌을 받아.

좋아하는 것과 싫어하는 것으로 자신을 설명한다면?

뻔한 걸 싫어해. 남들이 다 하는 것, 남들이 해온 대로 따르는 것, 남들과 똑같이 사는 게 싫어. 한 번뿐인 삶이니까 좀 다르게 살고 싶어. 지금껏 이렇게 살아서 후회한 적은 없어.

어른이 되어도 절대 하고 싶지 않은 게 있나?

담배. 학교 다닐 땐 안 피우다가 스무 살 되던 해 첫날에 호기심이 생겨서 한 갑 사봤어. 근데 못 피우겠더라. □

신상익 Volcano

부모님의 이혼과 경제적 문제, 왕따, 자퇴 등 어린 시절부터 이어진 경험을 토대로 거칠고 강력한 랩을 한다. 불안과 분노, 절망을 이야기하는 동시에 성공에 대한 야망을 랩으로 표출하기도 한다. 볼케이노라는 랩네임으로 안산과 홍대 등지에서 싸이퍼를 하다가 ‹고등래퍼›에 지원했고, 경인 서부 지역선발전에서 1위를 차지했다.

인스타그램: 666_volcano

사운드클라우드: volcano666

신상익
랩네임: 볼케이노(Volcano)
– 1998년 경기도 안산 출생
– 안산 초지중학교 졸업
– 안산 국제비즈니스고등학교 중퇴
– 힙합 크루 '머니 킬라즈'(Money Killaz) 소속

2013 by 신상익

평소의 난 생각 없이 살아 don't give a fuck about
물 흐른 듯 허나 어제의 밤 갑자기
느껴졌어 뒤틀린 괴리감
돈 한푼 없어도 행복함을 느끼던 그때가 생각이 나
현재의 맘 과거로 돌아간 13년도의
어렸던 내 과거
왜 떠오르는 걸까 문득 드는 의문에 마침표를 찍어 ya
지금 내가 행복한 삶을 사냐는 질문에 대한 답을 잃어 ya
열일곱 때의 난 너만을 보며 살았고 그때 감정에 미련 ya
과연 그게 있을까 머리가 아파서 담배 한대, 자고 일어나
생각은 리셋 내 두뇐 멍청해 아픔을 잊어버려
쉽게 장점과 단점을 동시에 갖춘 내 머리엔
없어진 건 기대 남은 것은 지폐
정신병이 심해 가라앉지 자꾸만
생각을 포기해 가죽엔 늘어나지 타투만
어느 샌가부터 가면 쓰고 널 대하는 게 익숙하지
그래 개 씨발 새꺄 세상 사는 게
속고 속이는 건 다들 비슷하니
우리 아빤 차라리 날 칼로 찔러 죽인 다음에
자살하고 싶댔잖니
그런 소릴 듣던 놈이 힘을 가졌는데 내가
니들보다 실패하겠니?
이제 진짜 잃을 것이 없어 벼랑 끝
에서 떨어져 지옥 끝까지 갔지
그래서 매일 fuck up 하고 살어
죽음에 대한 무지, 절개된 공포심
니들 가면 벗겨 좆도 내 음악을 들어본 척도
하지 마 사진이나 찰칵 찍어대고 말아
내 꿈을 이뤄갈 때 니들은 꿈을 잃었기에

제 삼의 눈을 떠 부릅 떠
커지는 동공엔 두렵던 구렸던 형
들이 눈에 밟히지 불을 더
키워서 다 부럽던 놈 들은 brrr call ah
전화벨이 울려 내 친구들을 불러
허리띠를 풀러 돈 벌 땐 더
내 걸음 꽤 빨라서 어른 된 직후에
버릇 왜 없게도 얼음, 땡 더

걸어 걸어 걸어 돈 벌어 벌어 벌어
얘네 와사바리 털어 돈 두를게 더
시퍼런 퍼런 퍼런 놈 더러 더러 더러운
짓을 해서라도 먹어 더 어릴 때 huh?
난 머릴 깨부수고 더 멋있게 살면서
거릴 내 지역으로 거닐게 bro
Money gang 우리들은 버릴 게
없어 전부 쓸어 담아버려 마치 허리케인 huh

힙합에는 언제부터 관심을 가졌나?

어려서부터 음악을 좋아했어. 처음에는 발라드를 부르는 보컬이 되고 싶었다. 어릴 때는 고음만 잘 올라가도 멋있어 보이는 게 있잖아. 그러다 중학교 들어가면서 복싱이랑 농구를 했는데, 그쪽 흑인 문화에 빠지게 됐어. 자연스럽게 힙합을 듣기 시작했지. 래퍼들의 믹스테이프를 찾아 듣던 누나의 영향도 있었고.

힙합 음악이 왜 좋았나?

가정환경이 평범하지는 않았어. 그런데 힙합 음악의 가사를 보면 힘든 처지를 이겨내는 희망적인 얘기를 하거나, 아니면 아예 더 센 수위의 얘기로 힘든 상황을 덮어버리잖아. 공감도 갔고, 그런 힙합의 이미지가 너무 좋았어. 힙합을 들으면서 나도 언젠가 랩으로 성공해서 지금보다 훨씬 좋은 삶을 살겠다는 다짐을 많이 했어.

처음으로 썼던 가사를 기억하나?

중학교 3학년 때 핸드폰으로 녹음했던 곡을 최근에 들어봤어. 그게 처음 쓴 노래야. 그냥 사랑 노래. 그때는 리쌍(Leessang) 음악의 영향을 많이 받았거든. 다시 들으니까 너무 이상해서 삭제했다.

학교는 왜 그만뒀나?

정신적으로 문제가 좀 있었어. 집단생활을 잘 못했다. 정해진 공간에서 짜여진 규칙대로, 같은 패턴으로 움직이면, 숨이 가쁘고 압박당하는 느낌이 들어서. 한편으로 나는 음악으로 성공할 거라는 확신도 있었어. 그러다 보니 왜 학교를 다니는 건지 의문이 들었지. 어차피 어디 취업할 생각도 없었고 대학교를 갈 생각도 없었다. 결국 음악에 전부를 걸겠다고

결정했고, 고등학교 2학년 2학기 시작할 무렵에 학교를 그만뒀어.

당신에게 학교는 어떤 곳이었나?

학교는 내게 그다지 좋은 곳은 아니야. 어려서 부모님이 이혼했고, 집도 가난한 편이었어. 할머니가 키워주셨는데 초등학교 때를 생각하면 행색도 좀 꼬질꼬질했던 것 같아. 6년 내내 애들한테 맞고 왕따도 당했는데, 선생님조차 날 싫어했어. '사람들이 날 차별하는구나, 죽어야 하나' 이런 생각을 많이 했지. 그때는 사람을 어떻게 대해야 하는지 몰랐어. 내가 말이 엄청 많았는데, 애들은 말이 왜 그렇게 많냐고 싫어했어. 그래서 중학교 가서는 말을 거의 하지 않았다. 애들 눈에 띄면 더 심해질까 봐. 대신 가슴속에 맺힌 화가 커져갔지. 가끔은 누가 조금만 건드려도 울분이 터져 나왔어. 겨우 가위바위보에 졌다고 책상을 뒤집어엎은 적도 있고. 그래서 중학교 땐 3년 내내 상담을 받았어. 그 덕분에 좀 나아졌다. 친구도 생겼고.

음악이 도움이 됐나?

음악으로 응어리가 많이 풀렸어. 내 안의 폭력성이나 슬픔, 힘들고 괴롭고 화난 감정들이 가사로 표출되면서 자연스럽게 풀어졌다. 다른 사람의 음악을 들으면서도 공감을 느꼈고. 엄청 울기도 했지. 음악이 대단한 게, 그렇게도 해소가 되더라.

롤모델이 있는가?

스윙스. 그분도 유년시절이 힘들었대. 그럼에도 음악으로 성공했어. 그가 사람들에게 '나도 할 수 있는데 너는 왜 못해'라는 얘기를 음악으로 전달했다고 생각해. 그걸 보면서 '나도 할 수 있다, 못할 게 뭐냐'는 생각을 했다. 사람들에게 보여주고 싶어. 우리나라가 학력주의 사회잖아. 나는 중졸에 문신이랑 피어싱도 많고, 피부도 까맣고, 인상도 무섭지. 양아치처럼 보이고. 이런 나도 할 수 있다는 걸 보여주고 싶어.

어른이 되어도 절대 하고 싶지 않은 게 있다면?

우리 아빠 같은 어른은 되고 싶지 않아. 어른이 되면 자유가 늘어나는 만큼 행동에 책임을 져야 하잖아. 자기가 책임질 수 있는 범위에서 행동해야 한다고 생각해. 책임을 지지 못할 거면 덤비지 말아야지. 아빠는 결혼을 선택해놓고 책임지지 못했고, 결국 이혼했어. 그런 식으로는 안 살 거야.

‹고등래퍼›에 나가게 된 계기는?

별 생각 없이 지원했어. 사실 ‹쇼미더머니›도 계속 나가고 있었고.

오디션 프로그램에 계속해서 지원하는 건 자신을 증명하기 위해서인가?

맞아. 그리고 좋은 프로듀서를 만나고 싶어. 그런 사람과 함께하면 보는 광경이 다르잖아. 빨리 배워서 성장하고 싶어. 나는 음악에 큰 재능이 없거든. 그래서 계속 뭔가를 해야만 해. 가사 쓰고, 녹음하고, 공연을 해야 실력이 올라가. 혼자 노력만으로는 힘들어. 그래서 이런 프로그램에 지원하고 있어.

지원 동기에는 뭐라고 쓰나?

정확하지는 않은데 아마 돈 때문이라고 썼을 거야. 옛날부터 돈 문제로 나랑 누나랑 많이 힘들었거든.

<고등래퍼> 이후 바뀐 게 있다면?

팬도 생겼지만, 안티도 많이 생겼어. 악플을 읽어봤는데 90% 이상이 별 내용 없는 비난이더라. 겉모습만 얼핏 보고선 마음대로 판단하고. 내가 음악을 중3 때부터 했으니까 5년 정도 됐다. 그런데도 달리는 댓글이 '얘는 <쇼미더머니> 보고 랩 시작한 애다' '생긴 건 흉악한데 목소리는 모기 소리 같다'는 식이지. 악플을 보면서 정말 괴로웠어.

가사를 쓸 때 습관처럼 자주 사용하는 말이 있나?

'난 너네랑 달라'. 정말 다르다고 생각해. 나만의 환경에서 자랐으니까. 그리고 남들이 알면 비웃을 정도로 포부나 야망이 크다. 꿈이 너무 커. 쉬지 않고 내가 처한 상황을 이겨내며 나아갔고, 앞으로도 그럴 거야. '나는 안 좋은 모든 걸 겪어본 사람이야. 왕따도 당해봤고, 양아치였던 적도 있고, 먼지 나게 맞아도 봤고, 집안도 어려웠어. 그런데도 성공했다'는 이야기를 계속할 생각이야. 노력하면 무엇이든 가능하다는 걸 말하고 싶다.

지금껏 쓴 랩 가사 중 자신을 가장 잘 설명하는 구절은 무엇인가?

핫케이노라는 곡이 있어. 거기 도입부에 등장하는 "내가 자퇴를 하든 타투를 하든 니가 욕할 일은 아니지, 내가 자취를 하든 자위를 하든 니가 신경 쓸 일은 아니지, 그런데 왜 이렇게 말들이 많아"라는 구절.

좋아하는 것으로 자신을 설명한다면?

초등학교 때부터 손으로 하는 건 뭐든 좋아했어. 나무젓가락 깎아서 조각품 만들고, 그림 그리고, 미니어처 만들고. 요즘 좋아하는 건 타투와 피어싱이다. 중학교 때부터 이유 없이

“나는 중졸에 문신이랑 피어싱도 많고, 피부도 까맣고, 인상도 무섭지. 양아치처럼 보이고. 이런 나도 할 수 있다는 걸 보여주고 싶어.”

그냥 좋았어. 남들과 다른 걸 좋아했거든. 중학교 땐 피어싱 숍에 가면 어리다고 쫓아냈어. 결국 약국에서 주사바늘을 사서 직접 뚫었어. 하고 싶은 건 어떻게든 해야만 했으니까. 타투는 온몸에 다 하는 게 목표야. 처음에는 이런저런 의미를 붙였는데, 이제는 타투가 없는 자리만 봐.

싫어하는 것으로 자신을 설명한다면?

규칙. 그래서 군대도 걱정돼. 그런 데 있으면 화를 못 참고 답답하고 불안해지니까.

볼케이노라는 랩네임은 어떻게 짓게 됐나?

옛날에는 화산이 폭발하면 신이 노했다고 말했다.

음악을 같이 하는 크루가 있는지.

세 개 있어. 하나는 '메롱시티'라는 크루. 만화 ‹스폰지밥›에서 이상한 절벽 아래로 떨어지면 나오는 괴기스러운 마을이 있다. 어둡고, 이상한 사람들뿐인 마을인데 거기가 메롱시티야. 그곳마냥 이상한 음악을 하는 애들만 모여 있는 크루다. 또 하나는 '브레인스밤'이라는 팀. 안산 사람끼리 모여서 만들었어. 음악하는 사람들, 타투이스트, 포토그래퍼, 디자이너, 프로듀서 등 힙합 문화를 좋아하는 사람들의 모임이야. 지금은 '머니 킬라즈'라는 크루 위주로 활동하고 있어.

지금 사는 동네는 어디인가?

안산 원곡동이라는 곳인데, 위험한 걸로 소문이 자자해. 살인 사건도 많이 일어나고. 유명한 살인마들 중에 안산 사람이 많아. 나는 이 동네를 벗어날 생각이 없어. 안산에서 자란 게 멋지다고 생각해. 게토(ghetto)에서 탄생한 음악이 힙합이잖아. 그리고 나는 아직 살아있잖아. 말도 안 된다고 생각할 수 있어. 그런데 진짜 여기서는 언제 칼 맞아 죽을지 모른다. □

오담률 Chinchilla

랩 시작 전에 넣는 특유의 추임새 “Chilla The Young Wave~”로 유명하다. 흉내 낼 수 없는 독특한 플로우와 리듬감, 흥이 넘치는 캐릭터로 방송에서 많은 관심을 받았다. 첫 출연한 ‹고등래퍼›에서는 싸이퍼 대결 1위로 실력을 인정받았고 ‹고등래퍼2›에서는 국악의 요소를 도입한 북이라는 곡으로 화제가 됐다. 염라대왕, 요괴 등 전설이나 민담에 등장하는 동양적 캐릭터에 관심이 많고 이를 음악으로 풀어내려고 한다.

인스타그램: dofboychilla

사운드클라우드: chillin_chilla

오담률
랩네임: 친칠라(Chinchilla)
– 1999년 경기도 안산 출생
– 안산 성안중학교 졸업
– 안산 안산문화디자인고등학교 졸업

둥둥둥 drum tap
눈 풀린 채로 무댈 걸어 다녀
하품품품 prrr
Flexin' 해도 별 감흥 없어
Web b가 입은 예쁜 옷
용포 같아 그건 내 거 맞아
Asian bass (쿵쿵)
총 대신 화살 장전 (pew pew pew pew)

진양조 중모리 ya
중중모리 엇모리 ah
자진모리 하지 휘모리까지
이 놀음판도 get that 차지
난 가질 거야 너희 것도
없어 버릴 것도 굿거리
타고난 소리꾼의 소리
막 해도 박수 받아

We make that
마치 고수와 소리꾼 같이
얼쑤 지화자
다 먹을 거야 연서와 같이
자네는 북을 쳐
Chilla 소리를 한다 하면 사람들은 가리켜
You got a swag
깨갱 꽹과리
Dap과 다시 울리는 bass

'친칠라'라는 랩네임은 무슨 뜻인가?

단어의 느낌이 좋아서 선택한 거야. 영어의 'china'와 'chill'을 합쳐서 만들었어. 서양에서 동양인을 비하하는 말로 '칭챙총'(ching chang chong)이라는 표현이 쓰이잖아. 내겐 그 어감이 나쁘지 않더라고. 그래서 엇비슷한 발음으로 만들어봤어.

동양적 캐릭터가 컨셉트인가?

맞아. 동양인이 흑인의 것을 똑같이 따라 할 수는 없다고 생각해. 리치 치가(Rich Chigga)처럼 동양인이 트랩(Trap) 음악 따라 하는 거, 별로야. 나만의 멋을 살리고 싶어. 예전부터 설화와 같은 이야기를 좋아했다. 우리나라뿐만 아니라 일본 전설 속 요괴도 많이 찾아봐. Yella Munkey King은 아시아인들을 원숭이라고 비하하는 데서 영감을 받아 만든 거야.

좋아하는 것과 싫어하는 것으로 자신을 설명한다면?

좋아하는 건 흥(興)이야. 친칠라라는 캐릭터도 흥에서 비롯된 거야. 무거운 음악에도 나만의 흥이 묻어난다고 생각해. 싫어하는 건 체계. 학교를 정말 싫어했다. 모두가 똑같이 해야 하잖아. 그런 건 싫어. 난 변화를 좋아하는 사람이야.

자신의 10대를 한마디로 정리한다면?

'변화'라는 단어로 정리할 수 있을 것 같아. 가치관, 감정, 생각의 변화가 컸고 내 위치나 캐릭터 역시 변화가 많았다. 중학교 때만 해도 실용음악 보컬 쪽으로 진로를 생각하고 있었어. 그러다가 갑자기 힙합을 하기 시작했고 성격도 많이 바뀌었어. 원래 되게 소심했다. 내 감정도 숨기고, 단점도

감추려고만 했어. 힙합하면서 생각을 적극적으로 드러내고 단점도 솔직하게 보여주게 됐다. 솔직하니까 단점까지도 좋게들 봐주는 것 같아.

힙합을 하게 된 계기는 뭔가?

중3 때 ‹쇼미더머니›를 보고 충격받았어. 지금은 빌스택스(BILL STAX)라는 이름으로 활동하는 바스코(Vasco)가 나왔는데, 187 무대가 정말 인상 깊었어. 힙합이 다른 장르와 섞일 수 있다는 것도, 힙합이 굉장히 섹시한 음악이라는 것도 처음 알았다. 그때 이후로 내 가치관은 '래퍼는 무조건 섹시해야 한다'는 거야. '섹시하다'에는 말투, 태도, 성격, 표정이 다 포함돼 있어. 섹시하면 다른 사람의 마음을 움직일 수 있어. 그게 나에게는 굉장히 크게 다가와.

"남의 여자가 날 만지면 화상을 입어"와 같은 가사는 허세 아닌가?

맞아. 허세야. 그렇지만 그만큼 내가 섹시하다는 걸 표현하는 거지. 물론 아직 좀 모자라지만.

‹고등래퍼›로 얻은 것과 잃은 것은 뭔가?

많은 의미를 두진 않았어. 재미로 나가보자고 생각했으니까. 잘되면 좋고 안돼도 뭐 크게 상관없고. 얻은 건 인지도와 팬이야. 잃은 건 음악에 대한 주관. 그동안 혼자 음악을 해왔는데 다른 스타일로 음악하는 애들을 보면서 내 방식대로 계속 가도 되는 건지 불안해졌어. 어떤 의미에서는 좋은 거겠지.

그동안 혼자 가사를 썼나?

고등학교 들어가서는 동아리 활동도 했지만, 처음 랩을 시작할 때만 해도 주위에 아무도 없었어. 혼자 가사 쓰고 노래방에서 MR에 가사 붙여보고 그랬다. 고등학교 들어갈 때까지도 랩을 엄청 못했어. 잘하고 싶다는 열망 하나로 여기까지 온 것 같아. 이룬 건 없지만.

‹고등래퍼›에서 누가 제일 충격이었나?

원래 (양)홍원이 음악은 좋아했어. (김)규헌이 형이랑 (장)용준이도 좋았지만 제일 충격적이었던 건 (최)하민 씨야. 저렇게도 힙합을 할 수 있구나 싶었어.

앞으로의 음악적 방향은 뭔가?

생각지도 못한 관심에 나도 모르게 가벼워지고 거만해졌어. '자만했다'는 게 맞는 표현일지도. 요즘 드는 생각은, 사람들이 친칠라라는 사람을 즐겼으면 좋겠다는 거야. 밝은 음악이어야만 즐기는 건 아니잖아. 사람들이 나에게 중독됐으면 좋겠어.

지금껏 쓴 랩 가사 중 자신을 가장 잘 설명하는 구절은?

내 재치 있는 허세. ‹고등래퍼› 싸이퍼 대결에서 선보인 가사에 그런 게 있다고 생각해. "철 좀 들어 무겁지 못해 왜 날아다녀 난 아이언맨 토니 스타크의 간지를 이어받아 내 존재 자체가 무기지".

고향 안산을 주제로 곡을 쓴다면?

친구들 이야기를 쓰지 않을까. 어렵게 자란 친구들이 많아. 게다가 안산은 공단도 많고 사건 사고가 끊임없는 곳이니까, 다른 지역보다는 애들이 좀 험하게 자라는 것 같아.

"힙합하면서 생각을 적극적으로
드러내고 단점도 솔직하게 보여주게 됐다.
솔직하니까 단점까지도 좋게들
봐주는 것 같아."

어떤 뮤지션이 되고 싶나?

자기 가치관을 잘 표현하는 사람. 예술가는 끈질기게 답을 추구해야 한다고 생각해. 철학자와 비슷하지. 켄드릭 라마도 그렇잖아. 끝없이 답을 원해야만 발전할 수 있지 않을까. 기독교에서는 욕망을 죄악으로 보는데 난 욕망이 있어야 사람이 노력하고 발전한다고 봐. 그래서 욕망에 많은 의미를 두고 있어. 변화를 두려워하는 사람을 싫어해. 또 나는 '이렇게 자라야 한다'고 만들어놓은 체계나 규율을 싫어했어. 그래서 착한 아들로 살아야 했던 과거의 내가 싫었다. 사운드클라우드에서 추라는 곡을 들으면 무슨 말인지 알 거야.

부모님으로부터 영향 받은 것도 있나?

되게 친해. 덕분에 그래도 바르게 자라왔다고 생각해. 물론 안 좋은 상황도 있었지만 대화를 계속하면서 여기까지 올 수 있었어. 부모님과 음악, 미래, 이성 문제, 술, 담배 얘기를 다 한다. 처음 음악하고 싶다고 했을 땐 부모님의 반대가 컸어. 우리 어머니는 공부만 하면서 바르게 살아온 분이라 방탕한 내 모습에 충격받고 약까지 드셨고. 다행히 지금은 날 이해해주셔. 그런데 가족과 화목하게 지내려면 좀 떨어져 살아야 하는 것 같아. 요즘은 자취해서 엄청 보고 싶지만.

오늘 입고 온 스타일에 대해 설명해달라.

왜소해서 오버사이즈 핏을 좋아해. 키가 엄청 작잖아. 근데 위아래를 오버사이즈로 입으면 되게 웃기거든. 지금 입은 오버올은 일본 농민 핏으로 입으려고 어제 산 거야. 평범한 건 진부하잖아. 목에 건 '문둥탈' 액세서리는 수학여행 갔을 때 통영오광대 하는 분에게 받은 거야. 이 친구가 태어나면서부터 문둥병을 앓는 바람에 삶을 제대로 즐기지도 못하다가, 죽기 직전에야 밖으로 나와서 원하는 걸 다 이루고 떠났대. 나도 원하는 걸 다 해보고 죽고 싶어. 멋있잖아. 이 친구를 얻고 나서 나한테도 좋은 일들이 많이 일어났어. 여자친구도 생겼고, ‹고등래퍼›에서 좋은 평도 받았고, 욕망과 변화에 대해 생각하기 시작했으니까. 의미가 큰 물건이야. 집 앞에 쓰레기 버리러 가면서도 달고 다녀. 없으면 굉장히 불안해. □

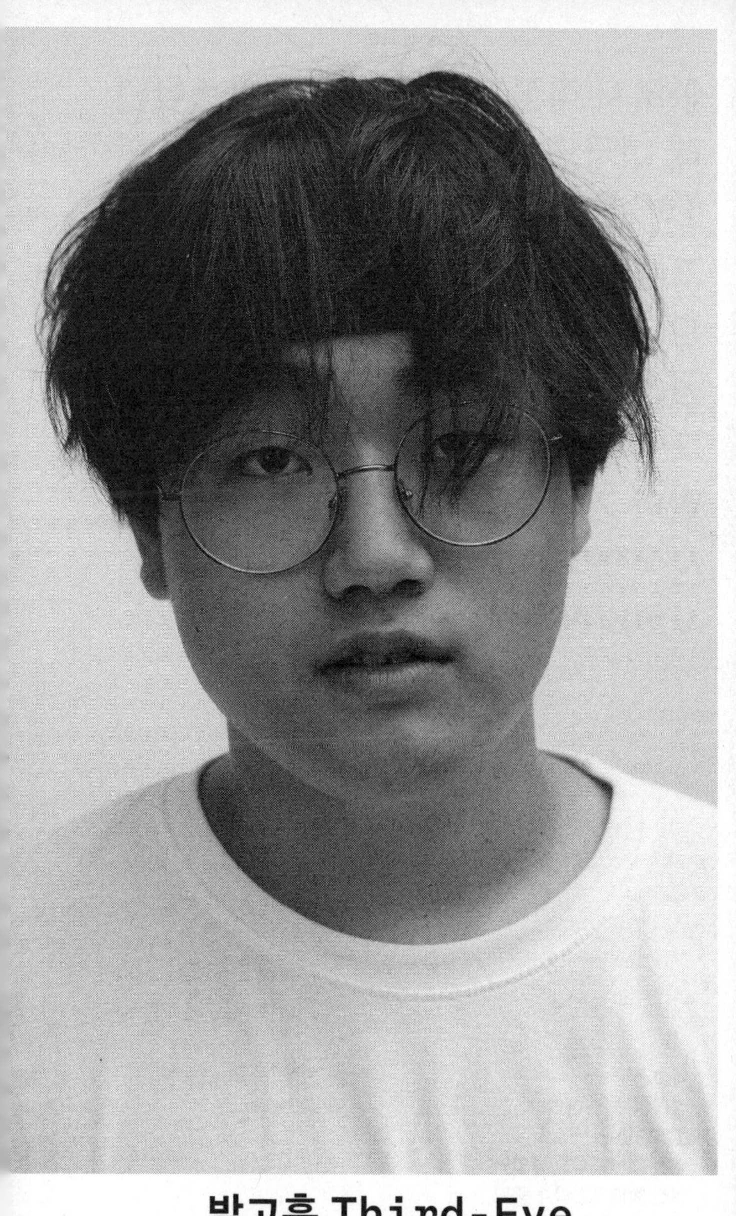

박고훈 Third-Eye

아버지 직장 때문에 초등학교 3학년 때 미국으로 건너갔다가 중학교 1학년이 되어 한국으로 돌아왔다. 고등학교 시절 보호관찰 2년 판결을 받고 부천의 위기청소년 시설 '세상을 품은 아이들'에 위탁돼 생활했다. 그곳에서 랩을 가르쳐주는 선생님을 만나 기타를 배우고 랩 가사를 쓰기 시작했다. 1990년대의 투팍 같은 사회비판적 랩을 하는 게 목표다.

인스타그램: 없음

사운드클라우드: 없음

박고훈
랩네임: 써드아이(Third-Eye)
– 1998년 인천 출생
– 인천 검단중학교 졸업
– 인천 청라고등학교 중퇴
– 디지털서울문화예술대학교 재학
– 힙합 크루 '비 픽스트'(Be Fixed) 소속

아직도 헤매는 사람들은 많아
Oh take me home mama
내가 원하던 사랑은 어디에 있을까
Take me out of all trauma

놓지 않겠다던 손 보이지 않아
Wake up kid this ain't no drama
사랑한다는 그 말 어색하지 않아?
All for the love,
People common!!!!!

아직은 세우지 못한 나의 sculpture
Love what's all of this for
I just want somebody to call
일 끝난 후 차가운 내 손
엄마의 손길이 그리워

집 나와 친구들과 함께한 시간
한 4년 정도 지나니까
소중하다는 걸 잊어버려
Somebody please
굳어 있는 내 마음을 움직여줘

내가 생각하는 love it's very simple
I just want to be a part of you people
나 포함 모든 사람들이 생각했음 해
Get your mind right fool
You and I, we're equal

사랑의 정의는 따스한 물음표
딱딱하지는 않지만 단단한 느낌표
심장이 가끔은 한 박자 뛰어넘어
설명할 수 없어 그 순간 훅 느껴

랩은 언제 처음 들었나?

음악은 어릴 적부터 많이 접해서 안 좋아할 수가 없었다. 엄마가 비틀스, 스팅 같은 걸 즐겨 들으셨어. 어느 날인가 아빠가 어디서 습득했는지 mp3를 주셨다. 아이팟나노였는데 좋은 음악이 가득했어. 랩 같은 것도 나와서 신기해하던 기억이 난다. 초등학교 3학년 무렵에 미국에 갔는데 거기서 따돌림을 좀 당했어. 그러다 보니 소외된 상황을 비판하는 노래를 들으면 기분이 좋더라. 현실에서 나는 그러지 못하니까. 노래를 듣는 시간만큼은 다른 사람으로 변장하는 느낌이랄까.

한국에는 언제 다시 왔나?

중학교 1학년 때 돌아왔어. 미국에서처럼 여기서도 적응하는 데 애먹었지. 나쁜 길로 좀 샜어. 중학교 땐 사고도 좀 치고 다녔다. 학교를 안 나갔어. 집에도 안 가고. 모텔에서라도 자자니 돈이 필요한데 스스로 벌기엔 너무 어려서 훔치든지 뺐든지 둘 중 하나였어. 이상한 애들을 만나고 다녔지. 학교도 싫고 집도 싫었어. 그렇게 사고 치다가 고1 때는 재판까지 받았다.

무슨 일로?

오토바이 무면허 운전에 절도, 거기에 애들까지 때렸어. 소년원에 갈 뻔했는데 선생님이 보호시설로 데려다줬어. 부천에 있는 '세상을 품은 아이들'이란 시설에서 2년간 위탁·보호관찰 생활을 했지. 거기서 음악을 시작했어. 음악을 좋아한다니까 해보라고 했다. 그곳에 있으면서 옛날 친구들을 다 정리했어.

어떤 음악을 배웠나?

처음에는 기타. 나중에 랩을 가르치는 선생님이 새로 오셨어. 그때 처음 가사를 써봤어. 지금은 생각하기도 싫지만, 자존감이 낮은 내게는 큰 힘이 되는 시간이었어. 선생님이 우리들과 한 무대에서 랩하는 게 꿈이라고 해서 매년 공연에도 같이 나갔어. 〈고등래퍼〉도 선생님이 나가보라고 해서 지원한 거야.

〈고등래퍼〉로 얻은 것과 잃은 게 있다면?

잃은 것밖에 없는 것 같은데. 내 부족함도 있지만 다 못 보여줘서 아쉬워. 물론 이런 인터뷰를 하는 건 좋은 것 같아. 친구들도 다르게 봐주고.

자존감이 얼마나 낮은 건가?

어렸을 때부터 그랬어. 난 왜 못할까. 사람들이 내게 영어도 잘하고 운동도 잘한다고 말해줘도 스스로 못 믿곤 했어. 성격이겠지. 미국에서도 항상 혼자 다녔어. 한국에 와서 겨우 친구를 사귀긴 했는데 서툴러서 표현을 제대로 못했어.

그 생각을 바꾸는데 음악이 도움이 됐나?

음악을 한다고 완전히 바뀌진 않았지만, 어쨌든 음악을 하면 계속 다른 생각을 하게 돼. 지금 이렇게라도 음악을 하고 있다는 게 행복해. 유일하게 동경하고 좋아해왔던 게 음악이었으니까. 가끔은 잘하는 애들과 비교하며 불쌍하다고 말하는 사람도 있지만 열심히 하면 될 거라고 생각해. 장비 사려고 가끔 노가다도 뛰어. 그만큼 음악은 내겐 잃으면 안 되는 소중한 거다. 단 1분이라도 음악을 안 듣는 날은 개노잼이야.

지금껏 쓴 랩 가사 중 자신을 가장 잘 설명하는 구절은?

"다음 단계로 출발할 때가 온 것 같아, 집이 싫다며 찡찡댔던 어린 놈이 좋아졌지, 엄마가 까주시는 시원하고 맛있는 오렌지, 쉽게 끝낸 검정고시 놀 대로 다 놀았지, 더 이상 똥싸면 병신 진심 빡세게 해야 하지, 영원할 것 같았던 10대는 어디 갔니". 대학교 들어가서 여태까지 나쁜 짓 했던 시간들을 생각하니 엄마, 아빠에게 죄송하다는 생각이 들더라. 말 그대로 다음 단계로 나아가야 한다는 마음에서 쓴 가사야.

대학교 진학은 음악을 제대로 공부하기 위한 선택인가?

새로운 친구를 만나려면 새로운 환경에 놓여야 하니까. 물론 음악도 배우고.

어떤 음악을 하고 싶나?

요즘 랩과는 다른, 옛날 랩을 하고 싶어. 요즘 음악은 듣기에 별로야. 우상은 케이알에스 원(KRS-One). 가사가 되게 좋아. 돈 많다고 뽐내는 게 전부가 아니라고 말하는 노래도 있고. 그런 가사가 좋아.

앞으로의 랩 가사에 평생 쓰고 싶은 세 가지 단어를 고른다면?

우선 '나'. 내가 중심이니까. 그리고 '인종'. 서로 다른 건 맞지만 지나치게 이상하게들 보잖아. 나부터도 다른 인종이라는 이유 때문에 놀림을 당했고. 마지막으로 '자유'. 딱히 눈에 보이진 않지만 진정 얻고 싶은 것 중 하나야.

좋아하는 것과 싫어하는 것으로 자신을 설명한다면?

좋아하는 것도 친구, 싫어하는 것도 친구. 좋지만 때때로

"장비 사려고 가끔 노가다도 뛰어.
그만큼 음악은 내겐 잃을 수 없는
소중한 거다. 단 1분이라도 음악을
안 듣는 날은 개노잼이야."

적이 되기도 하잖아. '불신'도 싫어해. 사람을 못 믿는 내 자신이 싫어. 그러다 보니 마음 깊은 곳에 자리 잡은 친구가 아직 없어.

가장 가까이 있는 꿈과 가장 멀리 있는 꿈은 무엇인가?

가장 가까이 있는 꿈은 독립해서 나만의 공간을 만드는 것. 혼자 작업할 수 있는 공간을 마련해서 가끔씩 음악 취향 맞는 친구들과 대화도 나누고 작업도 같이하고 싶어. 가장 멀리 있는 꿈이라면, 우주 공간에서 랩하는 거? 우주인의 랩이라면 지구에 사는 모든 사람들이 듣지 않을까? 달 위를 한번 걸어도 보고 싶어. 도대체 어떤 느낌일까?

지금 살고 있는 인천 서구를 소재로 곡을 만든다면?

인천이 '사람 쓰레기'로 유명해. 동네마다 불량한 사람들이 한둘씩은 있을 텐데, 인천은 어딜 가든 있어. 부평에서는 10분마다 싸움이 벌어지고 경찰이 계속 왔다 갔다 한다. 면허도 없는 어린 애들이 차 끌고 나와서 빵빵거리고. 어린 애들 중에는 그런 걸 꿈꾸는 경우도 있을 텐데, 그게 틀렸다고 얘기해주는 사람도 있어야지. 그렇게 말해도 안 들으면 어쩔 수 없다는 것도 얘기하고.

어른이 되어도 절대 하고 싶지 않은 게 있나?

어릴 적엔 어른이 돼도 '담배 피우지 말자, 술 먹지 말자, 욕하지 말자'고 생각했어. 그런데 돌아보니 벌써 그것들을 다 하고 있는 거야. 너무 싫었어. 그래서 나이를 정했다. 스물다섯 살을 기점으로 담배도 술도 끊고, 욕도 안 하려고. □

3

광주 전라 부산 경상

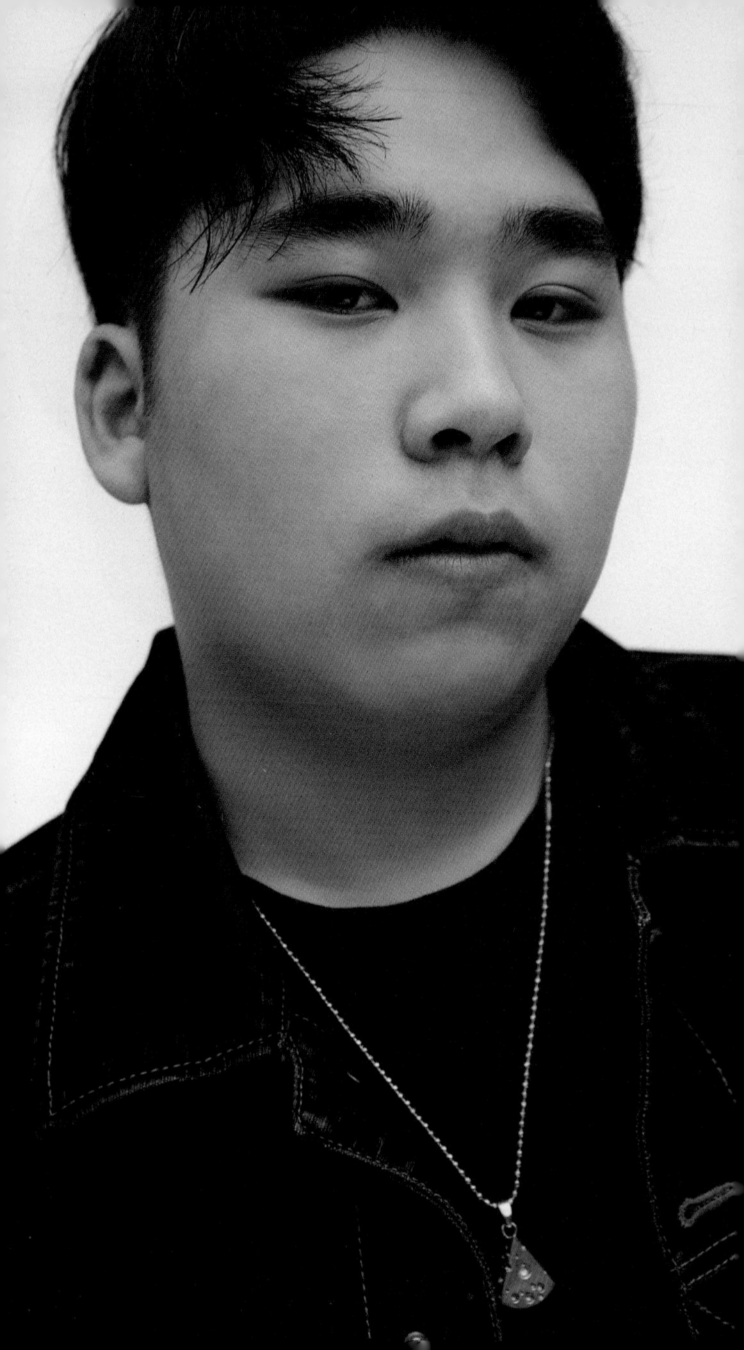

I AM NOT A HUMAN BEING

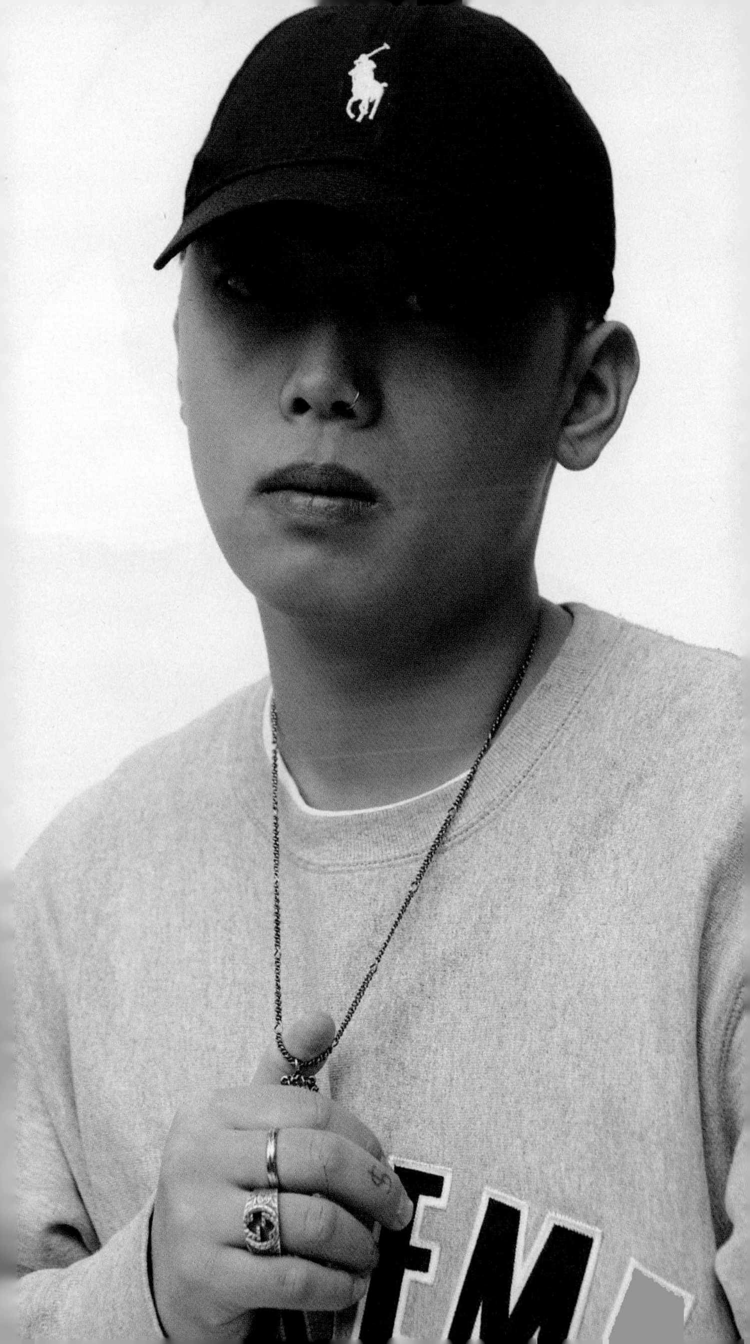

Dickies

DAEGU
053

Champion
Champion
Champion
Champion
Champion

12

김우현 Wooso

힙합 크루 미드나잇 갤러리 소속이다. 2017년 12월, 첫번째 믹스테이프 [Wooso’s Back]을 냈고, ‹고등래퍼› 광주 전라 지역으로 참가해 본선까지 진출했다. 이전에는 라임을 맞추고 타이트하게 랩을 뱉는 것에 초점을 맞췄다면, 요즘은 각각의 곡 분위기에 어울리는 랩을 다양하게 구사하려고 한다. 래퍼 허클베리피(Huckleberry P)를 롤모델로 삼고 있다.

인스타그램: wooso_0307

사운드클라우드: hqn0hprv9y18

김우현
랩네임: 우소(Wooso)
– 2000년 경기도 수원 출생
– 전주 온빛중학교 졸업
– 전주 양현고등학교 재학
– 믹스테이프 [Wooso’s Back] 발매(2017)
– 힙합 크루 ‘미드나잇 갤러리’(Midnight Gallery) 소속

혼밥 by 김우현

나 혼밥 하는 사람 (나 혼밥 하는 사람)
나 혼밥 하는 남자야 (나 혼밥 하는 남자야)
친구 없는 왕따 아니지만 혼밥 하는 게
익숙해지는 느낌적인 느낌 OMG
Oh yeah 돈은 쥐뿔도 없는 놈이
Oh yeah 오늘은 햄버거가 꼴리지
오메 예쁜 커플들이 보이지
나도 외로워요 pretty girl choice me plz
하지만 내색하면 안 돼
최대한 난 급한 일이 있어 여기 왔네
라고 티 내보지만 내겐 관심도 없네
다른 쪽 table에서는 어젯밤에
회사 잘렸대, Oh man 내가 위로
해주기엔 난 머리에 피도 안 마른
바보 멍청이, 나 어쩌지 이거 먹고 할 게
태산인데, 어느새 다 먹었네 안녕히 계세요!

혼밥 하는 건 너무 나 외로워
혼자 뭐라도 해야겠어 쪽팔려
오늘도 나는 혼밥
아직도 나는 혼자
내 맘도 아직 혼잡
오늘도 나는 혼밥

처음 혼밥 할 때 온갖 신경세포
들이 전부 날 쳐다보는 느낌이었어
그다음부터는 좀 괜찮아졌어도
남들 눈엔 그저 외로워 보이는 녀석
사실 혼밥 하는 이유는 따로 있어
혼자 있을 때는 평소에 보이지도

않는 풍경들이 눈, 귀 가득히 들리지
이 군침 도는 음식 앞에서 무슨 짓인지
I don't know I don't know
내 기분을 말로도 표현을 못하겠어
뭐 다 알겠죠, 이제는 나름 괜찮아
여러 잡생각들도 이제는 괜찮아
진 듯해, 근데 저기 사람들은 왜이리
화가 났나요 기껏해야 남 얘기일 텐데
자기들이 화가 났네
뭐 난 다 먹었으니 일단 나갈게 bye bye

혼밥 하는 건 너무 나 외로워
혼자 뭐라도 해야겠어 쪽팔려
오늘도 나는 혼밥
아직도 나는 혼자
내 맘도 아직 혼잡
오늘도 나는 혼밥

친구 없을 수도 있지 뭐 어때!
여친 없을 수도 있지 뭐 어때!
혼밥 할 수도 있지 뭐 어때!
혼밥 할 수도 있지 뭐 어때!

혼밥 하는 건 너무 나 외로워
혼자 뭐라도 해야겠어 쪽팔려
오늘도 나는 혼밥
아직도 나는 혼자
내 맘도 아직 혼잡
오늘도 나는 혼밥

언제부터 힙합에 빠지기 시작했나?

어렸을 때부터 새로 나오는 가요는 다 들었던 것 같아. 듣다 보면 나도 모르게 꽂히는 대목이 있는데, 그게 랩이었어. 중2 중반까지 수원에 살다가 전주로 전학을 갔는데, 거기서 힙합에 관심이 있는 친구들을 만났어. 그 친구들 덕분에 그때까지 내가 좋아했던 게 랩이고 힙합이라는 걸 깨달았어. 노래방에서 남의 노래 따라 하는 것보다는 직접 만드는 게 재미있을 것 같아서 가사를 쓰기 시작했어. 랩을 바로 뱉어낼 엄두가 안 나서 처음 6개월 동안은 가사만 썼다. 처음엔 아무리 해도 잘 써지지가 않아서 화가 났다. 고1 가을부터는 조금 나아졌다 싶어서 몇 개 없는 장비로 녹음을 시작했어. 원래 방송에 나갈 실력은 아니었는데, 어차피 떨어질 테지만 그냥 열심히 해보자는 생각으로 ‹고등래퍼›에 나간 거다.

음악에 확신을 얻기 위한 출전이었나?

음악에 대한 확신은 있었는데, 실력에는 확신이 없었어. 가사 처음 쓰는 사람들은 이해할 텐데, 비트를 이해하고 마디 수를 맞추다 보면 어떤 줄은 길어지고 어떤 줄은 짧아질 때가 있어. 나는 그걸 강박적으로 맞추려다 보니까 좀 올드한 스타일이 된 것 같아. 그런 스타일과 실력으로 나갔으니 확신이 없을 수밖에. 지역 예선에서 4등을 했는데, 사실 탈락해도 이상하지 않을 정도로 못했다. 심사했던 분들이 억지로 호평해주려고 해서 더 슬펐어.

랩네임 ‘우소’(Wooso)는 무슨 뜻인가?

원래 랩네임으로 만든 건 아니고 친구들과 장난 삼아 지은 거야. 내 이름 중간 글자에 그냥 어감이 좋은 글자 하나를 붙인 거지. 사람들이 물어보면 그냥 잘 웃어서 ‘우소’라고 답해. 솔직히 별 뜻 없어.

힙합이 뭐라고 생각하나?

각자의 삶. 사람마다 자기 삶이 있잖아. 그 인생을 솔직하게 사는 것, 그리고 그걸 보여줄 수 있는 게 힙합이라고 생각해. 힙합에서는 항상 '인위적인 건 별로다' '억지로 하면 안 된다'고 하잖아. 나는 아직 그게 쉽지 않은 것 같아. 나에 대해서 탐구중이야. 아직 스스로를 완벽하게 알지 못해서.

지금껏 쓴 랩 가사 중 자신을 가장 잘 설명하는 구절은?

아무나 못해라는 곡에서 "내가 하고픈 대로 내가 맘먹은 대로"라는 구절. 실제 내 모습은 그렇지 못한데, 그렇게 살고 싶은 마음이 커서 그 대목을 좋아해. 속마음을 대변해주는 것 같아. 사실 가사도 돌려 말하는 편이고, 평소에 부모님 말도 잘 거스르지 못해. 반항할 줄 모르는 거지. 그래서 스트레스가 심해. 부모님은 여전히 내가 음악하는 걸 반대하는데, 아직도 설득하지 못했어.

좋아하는 것과 싫어하는 것으로 자신을 설명한다면?

좋아하는 건 당연히 음악. 그리고 사람들이랑 얘기하는 것도 좋아해. 부모님의 반대가 너무 심해서 음악 포기하고 심리상담사가 될까 생각한 적도 있어. 결국 공부라는 벽에 막혀버렸지만. 음식은 새우를 제일 좋아해. 새우가 올라간 피자는 나한테 가장 완벽한 음식이야. 반대로 제일 싫어하는 건 머스타드 소스가 뿌려진 피자. 담배도 엄청 싫어해. 그렇다고 피우는 사람들한테 뭐라고 할 수는 없어서 최대한 피해 다니고 있어.

랩을 통해 주로 얘기하는 주제는?

처음에는 긍정적인 음악을 하고 싶었는데 하다 보니까 억지인 것 같았다. 속으로는 안 좋은 생각을 더 많이 하거든. 행동을 안 할 뿐이지. 그래서 좀 더 솔직한 내용을 가사에 써보려고 해. 요즘은 회의(懷疑)에 대해서 자주 쓰는 편이야. 하나 더 고르자면 '바라는 것'에 대한 이야기. 솔직히 말하면 어린 나이에도 돈을 좀 밝혔던 것 같아. 사람들의 관심이나 사랑에도 매달리는 편이고. 부모님이 관심을 안 주는 건 아닌데 괜히 사랑받지 못했다는 생각도 들고, 아닌 척하지만 또래 애들에게 관심받고픈 마음도 굉장히 커. 이런 날 솔직하게 표현해보려고 노력하는 중이야.

"음악을 잘 만드는 사람도 많고,
랩 잘하는 사람도 차고 넘치지.
그중에서도 신념을 간직한 줏대 있는
음악인이 되고 싶어. 허클베리피처럼."

같이 음악을 하는 친구들이 있나?

'미드나잇 갤러리'라는 크루에 소속되어 있어. 우리는 단순히 랩을 하는 것을 넘어서 리더 소버(Sober) 형을 중심으로 래퍼, 싱어, 영상 디렉터, 아트 디렉터, 비트 메이커, 프로듀서, DJ까지 체계적으로 구성된 크루야. 이름 그대로 한밤의 미술관이라는 뜻이고, 음악에서 밤의 느낌을 뿜어내는 크루라고 보면 돼. 내가 이 크루를 좋아하는 가장 큰 이유는, 열일곱 살부터 30대까지 폭넓은 나이대의 팀원들로 구성돼 있는데도 어색함이 전혀 없고, 음악이라는 하나의 매체로 어울린다는 점이야. 멤버 각각의 재능도 뛰어나서 아마 몇 년 후면 진가를 드러낼 거야. 나도 잘될 거고.

잘되는 것에 대한 기준이 있나?

내 기준에 충족하면 그만이야. 주관적일 수밖에 없고, 주관적이어야 한다고 생각해. 내가 생각하는 성공은, 뮤지션으로서 욕먹을 만한 일을 하지 않으면서 내 음악을 들어주는 사람이 1만 명가량 있는 거야. 그 정도면 언제까지라도 음악을 할 수 있다고 봐.

전주에서 활동하는 것에 아쉬움은 없나?

어떤 사람이 만들어내는 음악의 분위기는 그가 사는 곳과 주변 환경에 따라 바뀌는 것 같아. 청소년기를 전주에서 보내면서 여기서만 할 수 있는 음악이 있다고 생각했어. 아직까지는 큰 불만이 없어. 크루 멤버 대부분이 수도권에 살아서 자주 못 만나는 점, 전주에 공연이 별로 없는 점은 아쉽긴 해. 성인이 되면 서울에서 살고 싶은 생각도 들어.

가장 가까이 있는 꿈과 가장 멀리 있는 꿈은?

모든 음악가들이 경제적으로 안정된 삶을 살진 않잖아.

음악으로 성공하기 어려운 상황을 대비해 제2의 직업을 생각한 적도 있어. 그런데 요즘은 좋아하는 것에 대한 확신을 놓치기 싫어서 음악에 집중하는 중이야. 그래서 음악을 계속, 잘하는 게 가장 가까이 있는 꿈이다. 멀리 있는 꿈은 내 생각을 랩이 아닌 그림으로도 그려내는 것. 재능은 없는데 그림에 관심이 많아서.

롤모델이 있나?

허클베리피가 언제나 마음속 1위야. 음악을 잘 만드는 사람도 많고, 랩 잘하는 사람도 차고 넘치지. 그런데 허클베리피는 신념을 가지고 팬의 신뢰와 자신의 값어치를 계속 높여가. 나도 신념을 쭉 지켜나가는 줏대 있는 사람이 되고 싶어. 돈에 눈이 멀어 자신을 잃어버리거나, 심지어 범죄를 저지르는 음악인들 요즘 많잖아. □

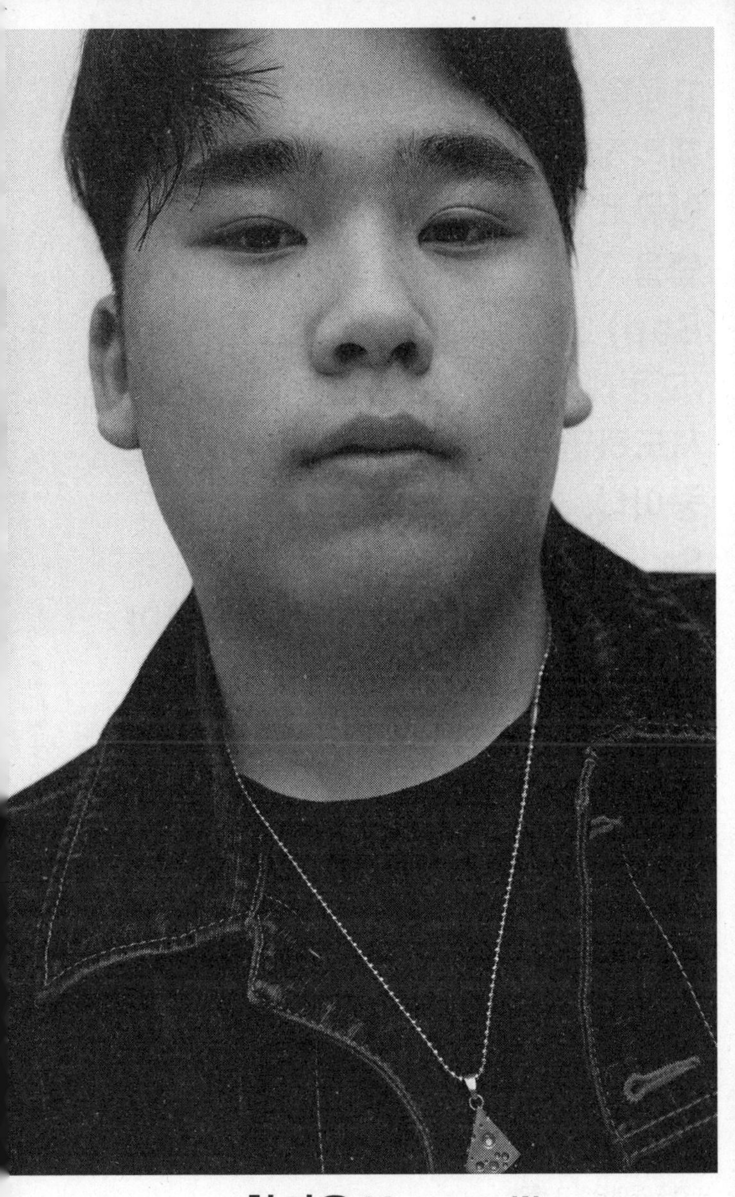

황인웅 Young W

고등학교 1학년 때 래퍼 제리케이(Jerry.k)를 닮았다는 이유로 힙합 동아리에 스카우트돼 랩을 시작했다. 한동안 붐뱁(Boom Bap) 스타일의 랩을 고집했지만, ‹고등래퍼› 출연 후 다양한 장르를 시도하면서 자신만의 색을 찾아가는 중이다. 크루셜 스타(Crucial Star)의 Limousine Dream이라는 곡에서 영감을 받아 만든 Boys Be Ambitious를 시작으로 주로 돈과 야망, 꿈에 관한 곡을 사운드클라우드에 올리고 있다.

인스타그램: hood_kiz_2.8

사운드클라우드: youngwmade

황인웅
랩네임: 영웅(Young W)
– 1999년 전라북도 전주 출생
– 전주 우아중학교 졸업
– 전주 제일고등학교 졸업

내 골드 치즈 체인 블링 내 하얀 신발 so clean
내 생각 다 이뤄지게 불을 끈 방에 몸을 던져
많은 돈보다 많은 생각이 머리 안에 가득 차
바랐지 차고 넘쳐서 쓰다 죽는 another life
새 신발이 매일 넓은 방 한켠에 새로 자리 잡고
내 지하 차고로 내려가면 잘 빠져 있는 차도 타고
숨만 쉬어도 통장엔 돈이 쌓이고 닳지 않는 카드 안에
얼마가 남았는지 확인조차 안 해도
되는 때를 기다려 more money more fame
여자애들 입에 올라가는 유명세 꼭 타야 돼
내 친구들도 내가 되길 원해 너네 머리 위로 가야 해
난 가야 해 거지 같은 방에서 여의도로 가야 돼
내 걸로 만들어야 돼 대한민국 돈 벌러 가야지
우리 아버지가 예수라도 자빈 없어
내 style no mercy 다 뺐어내러 가야지

요즘 자주 듣는 음악은 뭔가?

하루 종일 랩을 해서 그런지 너무 랩만 들으면 질려. 다른 장르의 음악을 많이 찾는데, 요즘에는 코스모 파이크(Cosmo Pyke) 음악을 자주 들어. 듣고 있으면 편안해져.

음악은 언제 처음 시작했나?

고등학교 1학년 때부터. 학교에 힙합 동아리가 있었는데, 거기 기장 형이 내게 "너 제리케이 닮았다. 오디션 보러와" 그러는 거야. 그게 시작이었어. 그땐 힙합에 대해서 아무것도 몰랐지. 그냥 멋있다고만 생각했어. 마이크 들고 리듬에 맞춰서 말을 할 뿐인데 사람들이 열광하는 게 매력적으로 느껴졌다. 조금 지나서는 가사를 쓰는 것에 빠졌어. 그동안 말하지 못해 답답한 게 많았거든. 내 얘기를 하고 싶었는데, 쉽게 할 수 있는 얘기는 아니었어. 그걸 가사로 쓰는 게 좋았다. 지금도 답답할 때 가사 쓰면 속이 후련해져.

부모님의 반대는 없었나?

집이 굉장히 엄하고 보수적이라 내가 음악하는 걸 싫어했다. 다섯 살 때 부모님이 이혼한 뒤로 아빠와 할아버지, 할머니랑 살았어. 그래서 더 엄하게 키우셨던 것 같아. 그런 집안 분위기가 싫었지. 그래서 중학교 때 사고를 좀 많이 쳤어. 수업 땡땡이치고 놀러가고, 친구들과도 많이 싸웠어. 성격이 다혈질인데, 그때는 그걸 아예 티 내고 살았어. 반항심으로 온몸이 가득 찬 상태였어. 매일 학생부에 끌려가고, 덩달아 아빠도 학교에 자주 불려다녔고. 그런 날은 집에 가자마자 아빠한테 혼나고, 할머니한테 혼나고, 할아버지한테까지 혼나야 잠들 수 있었어. 부모님 이혼을 큰 상처로 여겨서 그랬던 것 같아. 고등학교를 가니까 비슷한 친구들이 있더라. 그런 게 별 문제가 안 된다는 걸 처음 알았어.

그런 경험이 음악에도 영향을 미쳤나?

가사에 가족 얘기를 많이 써. 엄마 얘기도 하고. 중학교 때는 부모님을 되게 미워했어. 고등학교 3학년이 돼서야 그런 마음이 조금씩 누그러졌다. 그맘때 마이크랑 컴퓨터를 사려고 닭갈빗집에서 알바를 했어. 매일 학교 갔다가, 알바하고, 집에 와서는 새벽까지 음악 작업하기를 반복했는데, 6개월 정도 하니까 몸이 남아나질 않았다. 몸이 지치니까 자연스럽게 가족들에게 기대게 되더라. 그러면서 아빠와 조금 가까워지고, 엄마랑도 사이가 좋아졌어. 부모님이 미웠을 때나 지금이나 내 노래의 대부분은 가족 이야기야.

학교는 어떤 곳이었나?

자퇴하려고 한 적이 있었는데 동아리 선배가 말렸어. 중졸이면 진짜 창피할 거라고. 학교가 쓸모없다고 느껴지기도 했는데, 친구들 덕분에 버텼어. 내게 학교는 친구들이랑 놀거나 자는 곳이었어.

좋아하는 것과 싫어하는 것으로 자신을 설명한다면?

래퍼가 꿈이라고 했을 때 아빠가 그걸로 돈은 벌 수 있겠냐고 물으셨어. "몰라, 안 벌어도 돼"라고 대꾸했지. 아빠는 "세상은 돈이 다가 아니지만, 때론 돈이 전부야"라고 했어. 그 말이 무슨 뜻인지 이제는 알 것 같아. 돈을 세지도 못할 만큼 많이 벌고 싶어. 싫어하는 건 해산물이랑 예의 없는 사람들.

그렇게 번 돈으로 뭘 하고 싶은가?

엄마에게 빚이 조금 있어. 그 빚 갚고, 집도 사주고 싶어. 아빠 차도 바꿔줄 거야. 할머니, 할아버지는 그냥 현금을 더 좋아하실 것 같아. 일단 이사부터 할 거야. 지금 사는 데가

흑석동 옥탑방인데, 집을 계약할 때 바퀴벌레까지 같이 산 것 같아. 개네 방값까지 내주고 있어. 빨리 탈출해야지. 작업실도 구하고 싶어. 이걸 다 하고도 남을 만큼 많이 벌면 회사를 만들고 싶어.

음악을 하는 데 있어 가장 어려운 점은 뭔가?

갖춰야 되는 게 너무 많아. 실력은 물론이고 인맥도 있어야 해. 자기관리도 잘하면서, 자신을 홍보할 줄도 알아야 하고, 매체에 나가서 증명할 수도 있어야 해. 외모도 가꿔야 하고, 옷도 잘 입어야 하지. 돈도 물론 있어야 돼. 이런 사회적 문제에 대해서 이야기하고 싶은데, 실제 변화를 가져오려면 먼저 힘이 있어야겠지. 어느 정도 위치에 올랐을 때 이런 얘기들을 하고 싶어.

‹고등래퍼›에 나가게 된 계기는 무엇인가?

중학교 때부터 대학에 갈 생각이 없었어. 고등학교를 졸업하자마자 서울로 나와 독립했어. 그런데 좀 후회가 되더라. 수능도 안 봤거든. 수능날 집 밖에 안 나갔어. '다들 잘해보려고 시험을 보는데 나는 뭐가 잘났다고 아무것도 안 하고 있지? 지금 뭘 하는 거지?'라는 자괴감이 들었어. 그래서 수능 치르는 마음으로 ‹고등래퍼›에 지원했어.

‹고등래퍼›에 나간 후 어떤 변화가 생겼나?

스스로 한계를 느꼈어. 내가 알던 것과 하던 것에 의구심이 들기 시작한 거지. 내 음악이 같잖게 느껴졌고 음악을 아마추어처럼 하고 있었다는 생각이 들었다. 예전에는 붐뱁만 했어. 트렌드와 맞지 않지만 내게는 붐뱁이 맞는 것 같다고 생각했거든. 그런데 내 랩을 방송에서 들어보니까 되게 지루한 거야. ‹고등래퍼› 끝나고부터 이전까지 고집하던 스타일을 싹 바꾸고, 한 달에 일곱 곡씩 새로 만들어서 사운드클라우드에 올렸다. 조급해서. 이제는 침착하게 내 것을 찾으려고 연구하고 있어.

요즘 또래 친구들 사이에서 유행하는 건 뭔가?
누가 그러던데 요즘은 힙합이 아니라 랩이 유행이래. 맞는 것 같아. 친구들만 봐도 갑자기 랩에 관심을 갖는 애들이 많아. 힙합 음악이나 문화를 이해하지는 못해도 다들 랩은 좋아해. 양홍원의 십자가 귀고리도 유행이지.

요즘 가사에 유달리 즐겨 쓰는 표현이 있나?
크루셜 스타의 Limousine Dream라는 노래에 'Boys Be Ambitious'라는 말이 나와. 거기서 영감을 받은 가사가 많아. '치즈 체인'이라는 단어도 많이 써. 내가 걸고 다니는 치즈 모양 목걸이를 가리키는 말이면서 '부의 상징'을 내 스타일대로 표현하는 단어야. 그리고 '여의도'. 내가 쓴 가사 중에 "25 안에 여의도가 목표"라는 구절이 있어. 지금의 나를 가장 잘 표현해주는 말이지. 거기 사는 게 꿈이다. 우리 집에서 63빌딩과 여의도가 멀리 보여. 되게 좋아 보인다. 나한테는 꿈의 도시야.

어른이 되어도 절대 하고 싶지 않은 게 있나?
아빠 같은 사람이 되기 싫어. 아빠가 혼자 안고 있는 것들이 많아. 누구한테도 속 얘기를 안 하고, 가지고 있는 상처도 많고, 어렸을 때의 꿈도 못 이뤘어. 그렇게 사는 게 너무 안쓰러워서 나는 내 자식한테 안쓰러운 사람이 되지 말아야겠다는 다짐을 해. 그리고 아빠한테 엄청 맞으면서 자랐어. 나중에 결혼하면 내 자식을 절대 안 때릴 거야.

"내 얘기를 하고 싶었는데, 쉽게 할 수 있는 얘기는 아니었어. 그걸 가사로 쓰는 게 좋았다. 지금도 답답할 때 가사 쓰면 속이 후련해져."

가장 가까이 있는 꿈과 가장 멀리 있는 꿈은 무엇인가?

가장 가까이 있는 꿈은 ‹쇼미더머니› 본선에 올라가는 거. 이전 시즌에 참가했는데 20시간 넘게 대기만 하다가 정작 무대에서는 몇 마디 하지도 못하고 떨어졌어. 이번에는 좀 더 확신을 가지고 덤빌 거야. 또 하나는 최대한 이른 시간 안에 내 스타일을 정립하는 거. 사람들이 어떤 비트를 들었을 때 황인웅이라는 래퍼가 떠오르도록 만들고 싶어. 가장 멀리 있는 꿈은 결혼. 돈도 있어야 하고, 집도 있어야 하고, 무엇보다 여자친구도 있어야 해서 내게는 가장 멀리 있는 꿈이야. 사실 할 수만 있다면 최대한 빨리 하고 싶어. 젊은 아빠가 되고 싶거든. 하나도 닮고 싶지 않다고 생각했는데, 이상하게 점점 아빠를 닮아가는 것 같아. 나이 들면 부모를 이해하게 된다는 게 무슨 말인지 알 것도 같아.

앞으로의 랩 가사에 평생 쓰고 싶은 세 가지 단어를 고른다면?

우선 '영웅'. 내 랩네임이야. 영어로는 'Young W'. 영원히 어리게 살고 싶어서 'Young'이라는 말에 이름 중 한 글자인 '웅'의 'W'를 붙였어. 두번째는 '시간'. 시간이 곧 삶이라고 생각해서. 세번째는 '꿈'이야. 예순 살까지 랩을 하고 싶은데, 꿈이라는 단어는 랩을 하는 마지막 날까지 계속 쓰게 될 것 같아. □

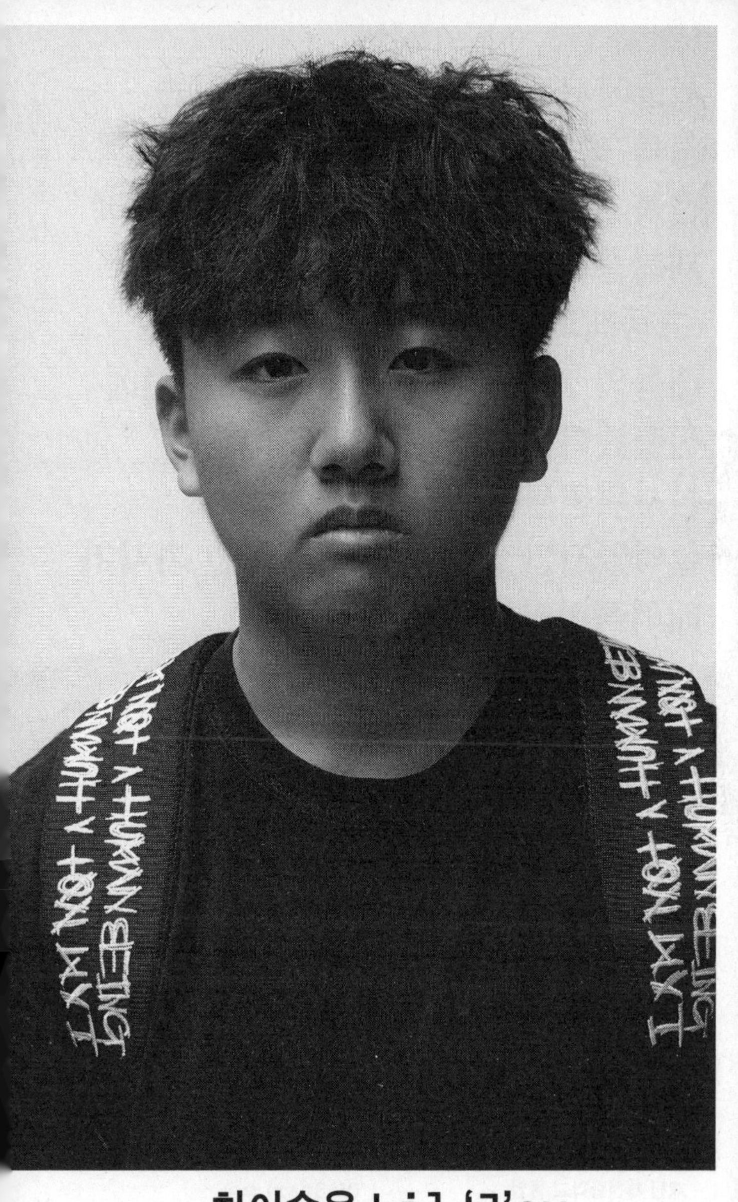

최이승우 Lil 'J'ay

서울에서 태어나 중학교 때까지는 충북 제천에서 자랐고, 2018년 현재 전북 완주의 한국게임과학고등학교에 재학중이다. 재미 삼아 도전한 ‹고등래퍼›에서 담백하고 순수한 내용의 가사로 주목을 받으며 본선에 진출했다. 그의 퍼포먼스에 대해 심사위원들은, 래퍼로서는 다소 설익었지만 입체적이고 시적인 가사가 매력적이라는 평가를 내렸다.

인스타그램: yn_liljay

사운드클라우드: yn_liljay

최이승우
랩네임: 릴 제이(Lil ‘J’ay)
– 2000년 서울 출생
– 제천 제천중학교 졸업
– 완주 한국게임과학고등학교 재학
– 2018년 믹스테이프 [Homemade Tape] 발매
– 힙합 크루 ‘하프 오브 스타’(Half Of Star) 소속

옥상 by 최이승우

별들과 녹색 바탕이 춤을 추던 공간
난 옆에서 추임새를 넣을 뿐이지 혼자
매일 혼잡한 맘을 달래기 위해
오늘도 곧장 달려왔지 여기 옥상

달은 손에 닿을 듯 말 듯 나를 밀당해
필터를 바꿔 맥주를 부어 지금 내 빈 잔엔
Paint a gold shit check a moon's insta
gram에선 얘도 super moon처럼 뽀샵해

복잡해 아직 맘을 가라앉히기엔
너가 곁에 있음 해서 2년 전엔 '너면 돼'를
냈지만 아무도 듣지 못했어
홍보는 아냐 private 건 지 1년이 더 된걸

Dammm 그녀가 생각나는 밤
이라 말하고 최유정 사진을 찾아보는 나
아 저녁 냄새가 나 난 다시
들어가야 될 것 같아

Uh schedule 표엔 nothing
But 난 오늘 할 일이 많아
비디오 게임 and basketball wit 25
But 난 오늘 할 일이 많아 x 2

Umm 오늘따라 달님이 더
예뻐 보이는 것 같아 like 내 여친 사실 없어서 말한 거야
변명하자면 희소성 필요 없어
그 밝은 빛 때문에 미치겠어

Whut 기숙사에 들어온 뒤로
옥상에 못 올라간 건 내 미래를 위한 거라 믿어
나름의 힙합이라고 지킨 신념은
지금 흔해 빠진 rapper 지망생에겐 없어

달빛은 여전히 날
바라보지 밖은 나가기 싫은데
나만 바라보고 또 떠나는
널 두고 처박혀 있을 순 없기에

Super moon
U got a shine shit that can't f wit
anything
The scene is table we the main dish
내 crew는 full course 넌 옆자리에서
피클이나 물고 있어
Party 끝남 전화 줄게 b

〈고등래퍼〉에 랩보다 한국게임과학고 얘기가 더 많이 나온 것 같다.

나도 놀랐다. 우리 학교 이름이 검색어 순위 1위에 올랐더라. 학교 이름을 빌어서도 뜰 수 있구나 싶었어. 다들 궁금해하는데, 그냥 게임 만드는 법을 배우는 학교다. 다른 학교처럼 일반 과목도 수업하고, 저녁에는 전공 과목을 배워. 나는 프로그래밍을 전공하고 있어.

완주에서 어떻게 음악을 접하고 시작한 건가?

중학교는 제천에서 다녔는데, 학원 갔다가 돌아오는 차 안에서 친구랑 좋아하는 곡을 틀어놓곤 했어. 완전 민폐였지. 그러다가 우리 이야기를 써보자고 했던 게 시작이었어. 그 친구는 쑥스러움이 많아서 접었지만. 네이버 밴드라는 앱을 통해서 다른 지역에서 랩하는 사람들도 만날 수 있었어. 거기서 가사에 대한 피드백을 주고받는 방에 내 가사를 올리고 도움을 받았지.

〈고등래퍼〉에는 어떻게 나가게 된 건가?

친구가 지원해보라고 페이스북에다 태그를 해줘서 아무 생각 없이 지원했어. 처음에는 지역 예선에서 합격한지도 몰랐어. '되면 좋고'라는 마음이었지. 힘들었는데, 되게 재미있었어.

부모님의 반대는 없었나?

부모님은 게임 쪽으로 진로를 정하길 원하시지. 요즘 IT쪽 전망이 좋잖아. 근데 부모님이 반대는 해도 방해는 안 할 거라고 하셨어. 사실은 계속 지원해주고 계셔. 서울에 녹음하러 간다니까 교통비랑 녹음비도 주셨다. 엄청 죄송해.

모진

대학교엔 진학할 생각인가?

랩과 게임 중 뭘 더 잘하는지 고민해봤어. 랩을 더 잘하는 것 같아. 사실 프로그래밍을 그렇게 잘하지 못하거든. 게임이 보험이라면 음악은 내게 복권일 거야. 무난하게 대학을 간다면 컴퓨터공학과를 가겠지. 어떻게든 서울에 있는 대학교에 가서 음악을 할까 해.

좋아하는 것으로 자신을 설명한다면?

빨간색이랑 노란색을 좋아해. 음악을 만들고 나서 프로듀서 형들한테 색으로 표현해달라고 요청하곤 해. 내 음악이 어떤 이미지로 그려지는지 궁금해서. 내가 하고 싶은 건 빨갛거나 노란 음악이야. 내가 생각하는 빨간색 음악은 나플라(Nafla) 같은 거고, 노란색은 심바 자와디(Simba Zawadi) 같은 거다. 머리도 한쪽은 빨갛게, 한쪽은 노랗게 염색할 거야. 진짜로. 아직은 내 음악의 색깔이 없는 것 같아서 그냥 검은색으로 두고 있는 거야. 오늘 검은색으로만 맞춰 입고 온 것도 그래서다. 게임은 GTA를 제일 좋아해. 드라마 보는 것도 좋아.

반대로 싫어하는 것으로 자신을 설명한다면?

압박받는 걸 되게 싫어해. 곧잘 하던 일도 누가 눈치를 주면 못해. 가식적인 것도 싫어하고. 음식 중엔 가지를 질색해. 자꾸 엄마가 먹으라고 해서 더 싫어. 일찍 자는 것도 싫어. 밤이 되면 이것저것 하고 싶은 게 많아지거든. 방학 때는 새벽 3~4시에 잘 수 있는데 학기중에는 기숙사에서 아침 점호를 해서 새벽 1시에는 억지로 자야 돼.

지금껏 쓴 랩 가사 중 자신을 가장 잘 설명하는 구절은?

“그녀가 생각나는 밤이라 말하고 최유정 사진을 찾아보는 나”.

"내가 가사를 쓸 당시의 기분이
그대로 전해졌으면 좋겠어. 옥상에 대해
말하면 그게 어떤 풍경인지 상상할 수
있었으면 좋겠고."

사실 연애 경험이 한 번도 없어. 그래서 사랑에 관한 가사는 대부분 친구의 경험을 토대로 느낌만 살린 거야. 랩으로 허구한 날 그런 사랑 얘기를 한다지만 진짜 내 모습은 저녁에 최유정 사진이나 보면서 행복해하는 모습이니까. 근데 최유정, 진짜 멋있어. 〈프로듀스 101〉을 본 사람이라면 알겠지만, 처음에는 D 등급을 받았는데, 엄청 열심히 해서 결국 무대 가운데에 섰잖아. 언젠가 꼭 한번 만나보고 싶다. 사인해달라는 말밖에 못하겠지만.

앞으로의 랩 가사에 평생 쓰고 싶은 세 가지 단어를 고른다면?

'옥상'. 옥상에 가면 생각이 많아져. 그리고 친구들과 만든 모임 '25'도 계속 등장할 거 같아. 늘 어울리는 여섯 명의 친구들과 만든 모임이야. 음악을 만들 때 거의 그 친구들에게서 영감을 얻곤 해. 언젠가 한 명씩 친구들의 이야기를 만들어서 딱 여섯 곡으로 낼 생각이야. 마지막으로 '돈'. 돈은 행복의 기준이 아니라지만, 돈 없이 행복해지는 건 불가능하다고 생각해.

랩을 통해 진짜 얘기하고 싶은 건 어떤 건가?

내가 가사를 쓸 당시의 기분이 듣는 사람들한테도 그대로 전해졌으면 좋겠어. 옥상에 대해 말하면 그게 어떤 풍경인지 상상할 수 있었으면 좋겠고, 친구들 이야기를 하면 우리가 어떻게 노는지 궁금해하고 우리처럼 놀면 재밌겠다고 느꼈으면 해.

자신의 10대를 한마디로 정리한다면?

정말 좋았어. '25' 친구들도 만났고, 〈고등래퍼〉에도 도전했고, 좋은 기억뿐이네. 색으로 말하자면 진한 핑크색?

나이 들면 시간이 빨리 흐른다는데, 나는 벌써부터 시간이 반짝하고 지나가는 것 같아. 너무 빨라서 붙잡고 싶어.

요즘 친구들 사이에서 유행하는 건 뭔가?

말로만 듣던 홍대를 〈고등래퍼〉 끝나고 처음으로 가봤어. 멋쟁이들이 많을 줄 알았는데 생각보다 다들 고만고만하게 입더라. 카무플라주 바지를 입은 사람이 많던데? 벙거지 모자도 유행인 것 같고. 나는 없지만.

어른이 되어도 절대 하고 싶지 않은 게 있다면?

담배를 피울 수는 있는데, 절대 '길빵'은 안 할 거다. 진짜 매너가 아닌 것 같아. 사람을 차별하지도 않을 거야. 그냥 아빠가 안 하는 걸 나도 안 하면 좋은 어른이 될 것 같아. 아빠가 도덕 선생님인데, 정직함의 표본이거든. 나도 그렇게 살고 싶다.

오늘 입고 온 스타일에 대해 설명해준다면?

티셔츠는 챔피온(Champion)인데, 특별한 의미가 있는 옷이야. '25' 친구 중 한 명인 연호가 '25'를 상징하는 일러스트를 티셔츠 뒤에 그려줬거든. 바지는 누나 건데, 뺏어 입고 나왔어. 안 입더라고. □

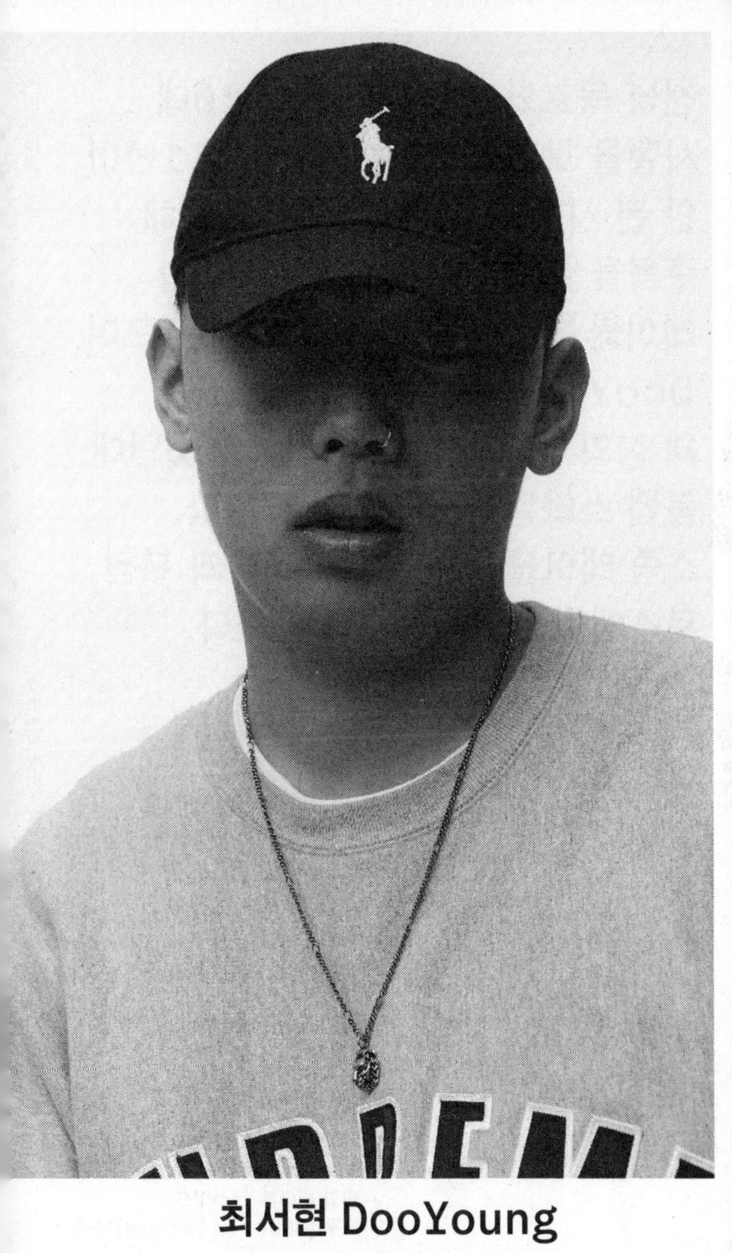

최서현 DooYoung

전남 목포와 호주를 오가며 10대 시절을 보냈다. 랩을 시작한 지 1년이 안 된 시점에 ‹고등래퍼›에 출연해 주목을 끌었다. 타이거JK의 힙합 레이블 ‘굿라이프 크루’에 들어갔으며, ‘DooYoung’이라는 이름으로 세 장의 앨범을 발표했다. 1990년대 붐뱁 스타일의 음악을 추구한다. 소속 레이블의 이름으로 서울과 부산, 로스앤젤레스에서 공연을 했다.

인스타그램: doo__young

사운드클라우드: 없음

최서현
랩네임: 두영(DooYoung)
– 1998년 광주 출생
– 목포 애향중학교 졸업
– 목포 덕인고등학교 졸업
– 2017년 EP [Ghood Life] 발매
– 2017년 싱글 앨범 [Notice Me] 발매
– 2018년 싱글 앨범 [4 Da Money Im a Savage] 발매
– 힙합 레이블 ‘굿라이프 크루’(Ghood Life Crew) 소속

호텔뷰 by 최서현 (Feat. Kidd King)

Girl you like 60층에 호텔뷰
Girl you like 60층에 호텔뷰
너 같은 여자들은 나한테는 something new
맴맴 돌아 어젯밤의 deja vu
맴맴 돌아 어젯밤의 deja vu

I got that 패션 기분은 fly so high
I got that style 사고 싶은 옷은 다 사
주제에 맞게 행동해 그게 내 삶의 모토
이번 해엔 쫌 벌어서 갈 필요 없어진 동묘

근데 넌 아냐 생각관 달라
Gucci 버클에 바지는 red color
상당히 위협적이고 난 목말라
오늘은 필요 없어진 듯해 우리 둘 막잔

너의 style 그냥 killin me softly
그에 맞게 자연스러운 몸짓
벙찐 내 표정에 모잘 눌러 썼지
참이슬보단 넌 어울려 진토닉

Yeah you like 60층에 호텔뷰
수영하고 싶어 니 바디 라인은 swimming pool
지나가면 그대로 깔리는 red carpet
넌 패션 킬러 필요해 보이는 private jet

Girl you like 60층에 호텔뷰
Girl you like 60층에 호텔뷰
너 같은 여자들은 나한테는 something new
맴맴 돌아 어젯밤의 deja vu

맴맴 돌아 어젯밤의 deja vu

너와 나만 있는 곳으로 우린 떠나
우린 삶에 지쳐 있어 삶에서 벗어나
Shut down
We gon play we gon party
우리 둘만 있고 아무것도 우릴 방해할 수 없어 정말
Baby baby woo
내 위에서 멋진 춤을
춰줘 girl let me know
진짜 멋을 알아 넌
Baby baby move like jagger
You with the move like jagger
I got the move like jagger
Oh yeah
우린 시시비비 따질 필요 없지
Cause we livin' that good life
즐거워 every minute minute
Girl you like 60
60층의 호텔뷰 같이
아름다워 넌 이미 확실히
너의 바디라인은 마치 욘세
니가 지나가면 저 여자들은 욕해
Thats ok 저 여자들은 니가 가진 걸 갖지 못해
60층의 호텔뷰 무슨 말을 더해

Girl you like 60층에 호텔뷰
Girl you like 60층에 호텔뷰
너 같은 여자들은 나한테는 something new
맴맴 돌아 어젯밤의 deja vu

맴맴 돌아 어젯밤의 deja vu

Girl you like 호텔뷰
Girl you like 호텔뷰
Girl you like 호텔뷰
Girl you like
Girl you like 호텔뷰
Girl you like 호텔뷰
Girl you like 호텔뷰
Girl you like

Girl you like 60층에 호텔뷰
Girl you like 60층에 호텔뷰
너 같은 여자들은 나한테는 something new
맴맴 돌아 어젯밤의 deja vu
맴맴 돌아 어젯밤의 deja vu
Girl you like 60층에 호텔뷰
Girl you like 60층에 호텔뷰
너 같은 여자들은 나한테는 something new
맴맴 돌아 어젯밤의 deja vu
맴맴 돌아 어젯밤의 deja vu

음악은 언제부터 시작했나?

고등학교 2학년 때부터. 그전까지는 딱히 하고 싶은 게 없었어. 음악은 좋아해서 계속 듣기는 했는데, 별안간 이걸 하고 싶다는 생각이 들었다. 목포에 살았는데, 주위에 음악하는 친구가 아무도 없었어. 배울 데도 없었고. 그냥 혼자 이것저것 해보다가 〈고등래퍼〉에 나갔지.

〈고등래퍼〉에서 '음악하는 걸 부모님한테 인정받기 위해서 나왔다'고 말했다. 그래서 인정을 받았나?

지금은 너무 좋아하시지. 부모님은 내가 공부하기를 바래서 학원도 보내고 유학도 보내줬거든. 그런데 공부가 너무 싫더라고. 아예 담을 쌓았지. 하루 종일 집에서 음악만 들었다. 혼도 많이 났는데 〈고등래퍼〉 지역선발전에서 1등 한 다음부터 부모님이 달라졌어. 사실 방송 나간다고 했을 때도 응원해준 사람이 아무도 없었어. 예선 장소에도 혼자 갔다. 스스로도 전혀 기대를 안 했고. 그런데 덜컥 1등을 해버린 거지. 그때부터 자신감과 확신이 생겼어.

〈고등래퍼〉 이후 어떤 변화가 생겼나?

손해 본 건 하나도 없고 얻은 것만 많아. 마음가짐도 바뀌었어. 많진 않지만 가끔 알아보는 사람들이 있어서 행동이 조심스러워졌어. 그리고 살이 엄청 쪘다. 15kg 정도. 술을 많이 마셔서.

앨범을 자주 내려고 하는 이유가 있나?

회사에서 첫 앨범을 내자는 말이 나왔을 때부터 곡을 썼어. 두번째 앨범도 마찬가지였고. 나는 그게 좋아. 곡은 쌓아둘 필요가 없는 것 같다. 그때그때 느꼈던 감정을 곡으로 표현하고 싶은 건데 쌓아두면 이미 흘러간 이야기와 감정이 되잖아.

지금껏 쓴 랩 가사 중 자신을 가장 잘 설명하는 구절은?

첫 앨범 [Ghood Life]의 세번째 트랙 90s Kid의 한 구절. "2017 옷을 입고 90년대 랩을 해". 옷이나 겉모습은 최신 유행에 따르는 걸 좋아하는데, 정작 랩에는 1990년대 분위기가 많이 담겨 있어. 그때 음악을 좋아해서.

좋아하는 것과 싫어하는 것으로 자신을 설명한다면?

취미는 음악 듣기뿐. 밤에 자면서 들을 플레이리스트를 매일 짜. 그렇게 선곡한 음악이 잠자리에서 생각보다 많은 감상을 남기고, 다음날 가사 쓸 때도 영향을 미쳐. 옷이랑 액세서리에도 관심이 많아. 목포에 살면서는 옷차림으로 놀림을 많이 받았어. 나는 트렌드와 다르게 입는 스타일이었는데, 그곳에선 유행하는 아이템을 걸치지 않으면 무시하는 분위기가 있더라. 고등학교 다닐 땐 옷 입는 데 두세 시간씩 걸리고 그랬어. 그걸로 또 엄마한테 혼나고. 그렇게 꾸미고 나가도 놀림을 받으니까 스트레스가 됐어. 지금은 내 마음대로 입어도 돼서 좋다. 가장 행복했던 순간은 처음 번 돈을 들고 구찌 매장에 가서 물건을 산 거. 싫어하는 건 추위와 오리고기. 오리고기 알레르기가 있다.

음악하면서 목포라는 지역이 답답하게 느껴지진 않았나?

고등학교 때 그 생각을 많이 했어. 처음으로 서울에 가서 홍대에 들렀는데, 충격이었어. 젊은 사람들이 끝도 없이 모인 데다가, 길에선 버스킹이 열리고, 옷가게는 또 어찌나 많은지. 거길 걸어가면서 '만약 여기서 태어났으면 어땠을까?'라는 생각을 많이 했다. 그런데 음악을 하면서는 그런 생각을 한 적이 없어. 목포에서 혼자 했기 때문에 그나마 사람들이 관심을 줬다고 생각해. 덕분에 〈고등래퍼〉에 지역 대표로 나갈 수도 있었고.

“밤에 자면서 들을 플레이리스트를 매일 짜. 그렇게 선곡한 음악이 잠자리에서 생각보다 많은 감상을 남기고, 다음날 가사 쓸 때도 영향을 미쳐.”

학교는 어떤 기억으로 남아 있나?

중학교는 굉장히 부정적인 느낌으로 남아 있어. 힘든 일도 많았고. 고등학교 때도 그다지 좋은 기억이 없어. 학교 가는 게 되게 싫었다. 적응을 못해서. 네 살 때부터 호주와 한국을 오가며 살았어. 호주에 있을 때는 오후 1시면 수업이 끝나서 친구들과 놀았는데, 한국에서는 저녁까지 학교에 있어야 했다. 학생들을 구속하는 것도 이상하고, 체벌 문화도 이해가 안 갔다. 그래서인지 대학교도 가기 싫었어. 학교와의 인연은 고등학교로 끝내고 싶어서.

자신의 10대를 한마디로 정리해본다면?

지금의 나를 만들어준 고마운 시절인 동시에 꺼내고 싶지 않은 이야기. 누구나 그렇겠지만 말할 수 없는 슬픈 일이 많았고, 앞으로도 털어놓을 생각은 없어. 다만, 거기서 많은 걸 배우고 느꼈기 때문에 그때를 부정하고 싶진 않아. 지금은 고마운 마음이 더 커.

앞으로의 랩 가사에 평생 쓰고 싶은 세 가지 단어를 고른다면?

일단 'DooYoung'이라는 나의 랩네임. 포스트 말론의 Too Young이란 곡에서 영감을 받았어. 이 이름엔 또 다른 비밀도 있는데, 사실 '두영'은 아빠 이름이야. 나머지 둘은 내가 살았던 '목포'와 내가 꾸는 '꿈'.

어른이 되어도 절대 하고 싶지 않은 게 있나?

가사에 자주 담는 말인데, '꼰대'가 되진 않을 거다. 나한테 꼰대는 보통 사람들이 별로라고 생각하는 걸 넘어서 최악의 사람을 일컫는 말이야. 그런 사람들이 너무 많아. 아이들의 상상을 아무렇지도 않게 차단하고 금지하는 사람들도 마찬가지. 절대 그렇게 살고 싶진 않아.

가장 가까이 있는 꿈과 가장 멀리 있는 꿈은 무엇인가?

가까운 꿈은 부모님과 여행을 가는 거. 내가 음악하는 걸 인정해주셨을 때부터 다 같이 여행을 떠나고 싶었어. 멀리 있는 꿈은 없다고 말하고 싶어. 말하면 진짜 멀게 느껴져서 늘 꿈으로만 남을 것 같아. 잡힐 것 같은 꿈만 얘기할래. □

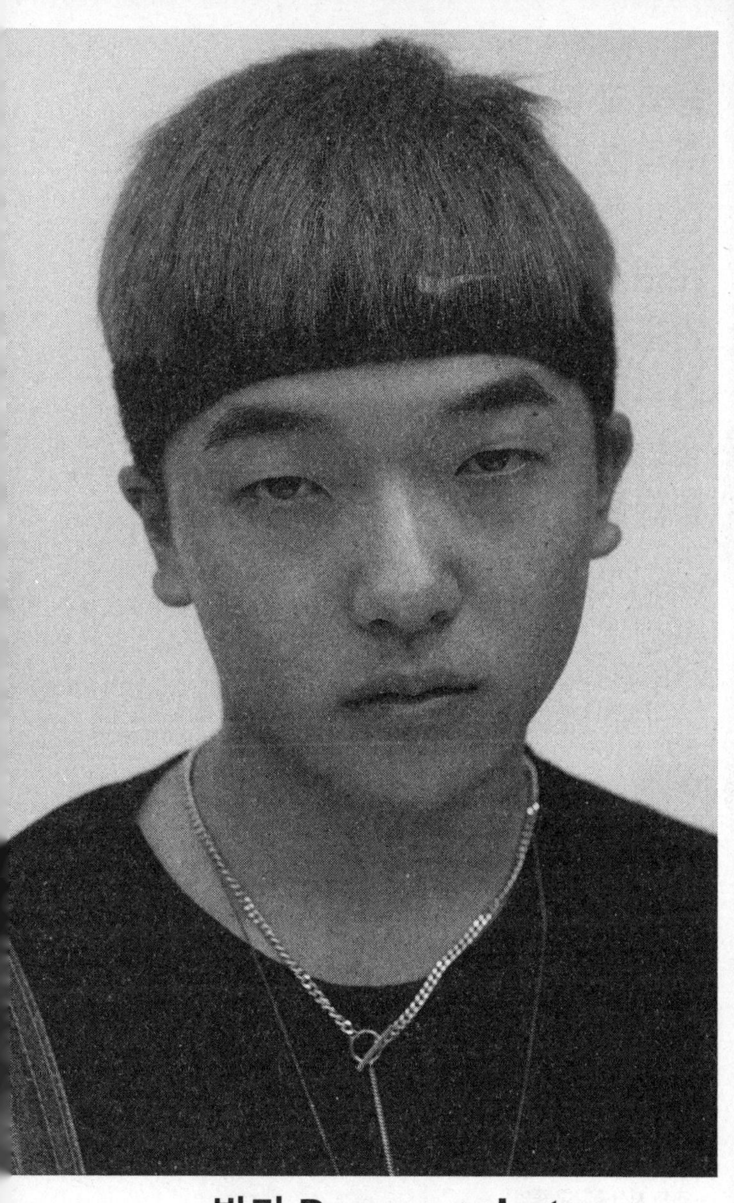

박민 Peppermint

중학교 때 밴드부 보컬로 활동하다 혹독한 변성기를 겪으며 힙합으로 전향했다. 천식과 심장부정맥을 앓는 등 선천적으로 몸이 좋지 않아 인문계 고등학교에서 직업훈련학교로 전학했다. 거칠고 공격적인 힙합보다는 부드럽고 감성적인 힙합을 추구한다.

인스타그램: peppermint_m

사운드클라우드: i88smyx9edly

박민
랩네임: 페퍼민트(Peppermint)
– 1998년 전라남도 진도 출생
– 진도 지산중학교 졸업
– 진도 진도고등학교 졸업

2015 by 박민

반쯤 풀린 눈
아무렇지 않다는 듯
차가운 물 들이켜고
앉아 있지 하루 종일을
항상 부정적인 태도
의사 새끼들도 내
우울증 못 뺐어
이젠 약 없인 못 배겨
맨 정신으로는 못 배겨
우울 안에 숨어 있는
불안이 나를 삼켜
그 불안함에 잠겨
또 그 불안 안에 갇혀
애써 밝은 척 웃음 지어
애써 밝은 척 웃음 지어
애써 밝은 척 웃음 지어
그렇게 또 하루를 숨 쉬어

사람들의 시선이 무서웠어
그게 날 무너뜨렸고
그렇게 들었던 칼은
내 몸에 상처를 냈어
모든 걸 지우려 했어
모든 것이 날 위한 일이라고
위안시키던 나에게 미안
내 아픔만을 생각했었나 봐
주위에 남아 있는 게 없잖아
그냥 신에게 빌었어
쉽게 믿었어 세상을
이제 알아차렸어

그래서인지 머릿속은 항상 계산을
씨발 가득 차버린 불필요한 생각들
깊은 숨을 쉬어
뿜어져 나오는 연기는
더 짙은 색을 띠어
눈 아래 검은 그림자는
더 짙은 색을 띠어
밝은 조명 하나 없이도

야 나 자신도 못 믿는데
내가 어떤 새끼를 믿어
야 내 시간은 그때 멈췄어
그래 그래 2015
야 내 시간은 그때 멈췄어
그래 그래 2015
야 내 시간은 그때 멈췄다고
그래 씨발 2015

흐리멍덩한 정신
머리에도 들이밀어봐 그 청진기
약에 몸도 못 가누던 병신이
랩한다고 tv 나오니깐 놀랬니?
혼잣말이 많아져
나 혼자만이 남아서
마음의 문을 닫았어
얼굴엔 가면을 쓰고 숨겼어 내 진짜를
시곗바늘처럼 아무 생각 없이 또 tic tac
얼굴엔 가면을 쓰고 숨겼어 내 진짜를
내 웃음은 의미는 반대일지도

야 나 자신도 못 믿는데
내가 어떤 새끼를 믿어
야 내 시간은 그때 멈췄어
그래 그래 2015
야 내 시간은 그때 멈췄어
그래 그래 2015
야 내 시간은 그때 멈췄다고
그래 2015

대학은 안 갔나?

붙었는데 갈 필요를 못 느꼈다. 등록금까지 냈다가 생각이 바뀌어서 입학 일주일 전에 취소했어.

왜?

〈고등래퍼〉에서 실수를 많이 해서 악플에 시달렸어. 처음엔 욕을 너무 많이 먹어서 내 길이 아닌가 보다 했는데, 생각이 점점 바뀌는 거야. 왜 저들 때문에 내가 하고 싶은 걸 그만둬야 하지? 혼자서라도 할 수 있으니까 해보자 싶었어. 그래서 대학 등록금으로 장비 사고 작은형이 물려준 노트북으로 작업하고 있어.

〈고등래퍼〉에 지원한 계기는?

중학교 때 밴드부 보컬이었는데 변성기가 심하게 와서 갑자기 음이 안 올라가는 거야. 원래 목소리는 맑고 청아했는데. 랩음악 듣는 건 좋아했어. 그러다가 고등학교 때 애들이랑 노래방 가서 연결고리 랩을 불렀는데 반응이 엄청 좋은 거야. 그다음부터 학교 축제에도 나가고, 어느새 진도에서 랩 잘하는 애가 돼버렸지. 어느 날 애들이 그러더라. 〈고등래퍼〉에 나가보라고.

음악을 하는 이유를 생각해봤나?

사람들 앞에서 꺼내기 힘든 말들을 음악으로는 표현할 수 있잖아. 자신의 삶에 대해 이야기하는 게 좋아.

음악에 대한 확신이 있는지?

그냥 내가 하고 싶은 게 내 길 같아. 지금은 음악을 하고 싶으니까 음악이 내 길이야. 그리고 길은 만들어가면 되는 거잖아.

좋아하는 것과 싫어하는 것으로 자신을 설명한다면?

싫어하는 건 채소. 편식이 심해서 김치도 안 먹어. 그래서 키가 작은가 봐. 좋아하는 건 콜라. 하루에 세 캔 정도 마셔. 답답할 때마다 콜라를 마셔. 담배도 멘솔처럼 시원한 것만 피워. 몸이 안 좋아서 입원을 밥 먹듯 했었거든. 호흡기 치료를 하면 입이 바짝바짝 말라. 그러면 음식 맛을 못 느껴. 아무리 시원한 걸 먹어도 답답해. 그러다 보니 습관적으로 콜라를 마시게 됐어.

어디가 아팠나?

선천적으로 몸이 좀 안 좋아. 천식도 있고 심장부정맥도 있어. 고등학생 땐 불안장애 때문에 정신과도 다녔어. 한동안 끊었었는데 ‹고등래퍼›에 나가면서 받은 악플 때문에 다시 정신과 약을 먹었어. '왜 박민 같은 애를 랩하게 놔뒀냐'면서 부모님을 욕하더라고. '박민 저때 개병신, 지금 일반인' 이런 댓글 보면서 스트레스를 많이 받았어. 지금은 뭐, 괜찮아졌어.

불안장애는 어쩌다?

몸이 아파서 학교에서 자꾸 쓰러지다 보니 학교 가기가 너무 무서웠다. 또 쓰러질까봐 두려웠고 '아픈 애'라는 애들 시선도 두려웠어. 학교에서도 부담스러워 해서 결국 직업훈련학교로 옮겼어. 출석일을 채우지 않아도 되는 학교여서.

지금껏 쓴 랩 가사 중 자신을 가장 잘 설명하는 구절은?

엄청 좋아하는 구절인데, "내가 나이를 먹는데도 항상 같은 신념과 태도"야. 늘 동심을 가진 채 살고 싶어. 나이 먹어서도 변하고 싶지 않아. 꼰대도 되고 싶지 않고.

어른이 되어도 절대 하고 싶지 않은 게 있다면?

훈계. 그리고 남의 꿈을 저평가하는 것. 시골 어른들은 보수적이야. 대학교도 안 가고 집에서 음악한다고 하지, 거기다 머리는 염색하고 몸에 문신 있고 그러니까 "너는 공부를 안 해서 그러고 있는 거야"라더라. 난 어른을 공경하고 예의도 알지만 그런 사람들에게는 그냥 할 말 다 해버려. 〈고등래퍼〉 지원영상 가사에도 그런 말을 썼다. "음악으로 돈 벌 수 있겠냐는 꼰대들, 왜 내 음악에 가치를 매기는 건데"라고.

진도는 어떤 곳인가?

서울에 있다가 오면 공기가 다른 게 확 느껴질 정도로 맑은 곳이야. 우리 마을은 진도 안에서도 더 들어가야 하는 곳이라 밤 10시, 11시 되면 가게의 불이 다 꺼져. 그때부터 음악 감옥이야. 좋은 의미와 나쁜 의미, 둘 다로. 음악 말고는 할 수 있는 게 없다. 같은 마을에 살던 친구들도 다 대학 가고 없어. 우리 형이 서울에서 '마을'이라는 표현 쓰면 놀림 받는다고 '동네'라고 하랬는데.

앞으로의 랩 가사에 평생 쓰고 싶은 세 가지 단어를 고른다면?

신념, 태도, 엄마. 엄마가 한번씩 툭툭 던지는 말들이 큰 영감을 줘. 가장 존경하는 분이기도 하고. 노래를 만들면 항상 엄마에게 들려드리는데 한번은 그러셨어. "네 노래에 내가 너무 많이 나온다, 아빠도 한번씩 써줘."

문신하고 엄마한테 혼났을 것 같다.

욕 엄청 먹었어. '선 타투 후 뚜맞'이지. '뚜맞'은 '뚜드려 맞다'라고, 타투 하는 학생들이 쓰는 말이다. 팔에 있는

박민

"가장 멀리 있는 꿈은, 언젠가 성공해서
가족들에게 비싼 시계를 하나씩
선물하는 거야. 당연히 롤렉스지."

문신은 '높은 곳에서 빛나라'는 뜻의 라틴어 'Luce in Altis'. 다른 하나는 장미와 칼이야. 흔히 하는, 별 의미 없는 타투인데 이제 의미를 부여해보려고. 거짓 스웩인 거지. 엄마가 한 번만 더 타투 하면 팔 자른다고 했어. 근데 세월호 리본 타투는 꼭 해보고 싶어.

가장 가까이 있는 꿈과 가장 멀리 있는 꿈은?

서울 올라가서 음악하는 게 가장 가까이 있는 꿈이었는데, 반은 이뤘어. 근데 그 꿈을 바라지 않을 때도 있어. 서울 생활은 금전적으로도 힘들 테고 부모님께도 죄송하니까. 가장 멀리 있는 꿈은, 언젠가 성공해서 가족들에게 비싼 시계를 하나씩 선물하는 거야. 당연히 롤렉스지.

'페퍼민트'라는 랩네임은 어떻게 만들었나?

박하사탕을 좋아해. 말했지만 담배도 박하담배만 피워. 무엇보다 중요한 게 있는데, 아버지 성이 박 씨고 어머니가 하 씨야.

자극을 주는 뮤지션은 누구인가?

외국 노래는 잘 안 듣는 편이야. 제이 콜(J Cole)이나 조이 배드애스도 가끔 듣지만 무슨 뜻인지 몰라서 손이 잘 안 가. 대신 가까운 사람들 노래를 많이 듣고 영향도 거기서 더 많이 받아. 특히 친구 (황) 인웅이 노래를 들으면서 느끼는 게 많아. 나도 더 열심히 해야겠다는 생각이 들어.

오늘 입은 옷 스타일은 뭔가?

평소 입는 스타일이야. 음악하면서 옷 입는 것도 바뀌었어. 고3 때 학교 안 다니기 시작하면서 자유롭게 입기 시작했거든. 바지 내려 입고. 이젠 크게 입어야 마음이 편해.

이 오버올은 귀여워서 한번 입어봤어. 머리는 초밥머리 느낌이지.

힙합하는 사람은 어떻게 입어야 하나?

그런 게 어딨어. 자기가 좋아하는 걸 입으면 그만이지. □

박가람 Bunnybewitch

‹고등래퍼›에 나오기 전, SBS의 예능 프로그램 ‹동상이몽, 괜찮아 괜찮아!›에 '자퇴생 래퍼 지망생'로 등장해 화제를 모았다. 당시 패널로 출연했던 래퍼 산이의 제안으로 그로부터 1년 넘게 랩 레슨을 받았다. 음악을 본격적으로 하기 위해 고등학교를 자퇴하고 검정고시에 합격했다. ‹고등래퍼› 부산 경상 지역선발전에서 2위를 차지했다.

인스타그램: 1999.0513

사운드클라우드: 없음

박가람
랩네임: 버니비위치
(Bunnybewitch)

- 1999년 경상남도 마산 출생
- 창원 마산여자중학교 졸업
- 창원 한일여자고등학교 중퇴

이름 모를 이의 액자 속에
널 담기엔 자라나서
시간이 흘러 틀과 어긋나면
너를 깎아내서 억지로 끼워 맞춰

당연하다 여기지 마 안타까워
틀에 갇혀 살아가는 이가 한 명
늘어나 그러다 울어 자 눈 떠봐
네가 서 있는 곳이 그려온 게 맞는가

그의 공통점 널 위하는 척
충분히 너다워 바꾸려 하지 말아
네가 돼야 될 건 주인공
그렇고 그런 이의 삶의 조연이 아냐

가만히 서 있지 마 걸어가도 돼
너의 가능성에 심기 안 좋은 놈의
말에 아파하는 걸 성장통이라 여기지 마
널 잊지 마 제자리가 아닌 그대로

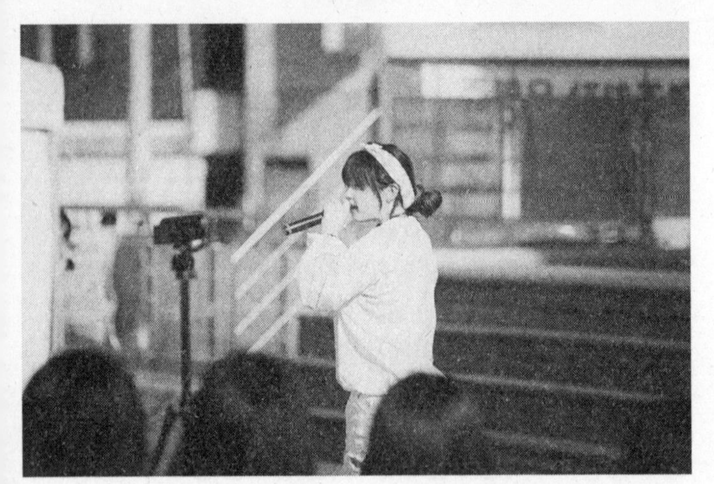

오늘 입고 온 스타일을 설명해달라.

영국 교복 스타일. 처음엔 힙합 스타일로 입었는데 힙합한다고 꼭 금목걸이 걸칠 필요는 없겠더라고. 얼굴이 동글동글하니까 동그란 모자를 쓰면 재밌겠다 싶어서 베레를 자주 써. 베레와 어울리는 옷을 찾다 보니 이런 교복 스타일이 좋겠더라. 학교는 안 다니지만 교복은 좋아하기도 했고. '해리 포터'도 좋아해서 ‹고등래퍼›에 헤르미온느 머리를 따라 하고 나갔는데, 망했어. 무지개 색 가운데 연보라색 머리만 안 해봐서 이제 시도해보려고.

머리색을 자주 바꾸는 이유는?

야외 공연을 자주 하는데, 사람들이 오가며 보니까 금방 잊혀지잖아. 빨간 머리나 핑크 머리로 각인되려고 하는 거야. 실제로 효과가 좋았어. 사람들이 '저번에 랩하던 핑크 머리?' 하는 식으로 기억해줘.

힙합은 언제부터 하고 싶다고 생각했나?

아홉 살 때부터 가수가 하고 싶었어. 노래는 못했어. 열네 살 때 윤미래의 검은 행복이란 랩을 듣는데 노래보다 더 감정이입이 되는 거야. 그전까진 랩이 껄렁껄렁한 건줄로만 알았거든. 알고 보니 자신의 이야기를 풀어내는 거였어. 그때부터 학교 쉬는 시간에 가사 쓰고 녹음해서 유튜브에 올리고 그랬다.

공연을 열심히 한다.

열다섯 살 때부터 했어. 들어주는 사람이 없으면 재미없으니까. 박수를 받든 못 받든 남들 앞에서 랩을 하고 싶었어. 마산, 창원, 진해는 통합돼 있어서 시내버스로 다 갈 수 있어. 중2 때 노트 한 권 들고 마산 종점에서 버스를 타서 진해, 창원까지 4시간 왕복하면서 공연 모집하는 현수막의 정보를 모조리 적었어. 50개 정도 되더라. 전화를 다 돌렸지. 그중 딱 한 군데서 연락이 왔어. 그렇게 마산 창동이라는 곳에서 처음으로 무대에 올라 랩을 했어. 내려오는데 사람들이 박수를 쳐주더라. 아, 이래서 사람들이 가수를 하는구나 싶었어. 심지어 그때 쌩얼이었다. 패기만큼은 정말 짱이었던 것 같아.

그때 무슨 곡을 불렀나?

카피 곡 불렀어. 제이스(JACE)라는 여성 래퍼의 곡과 내가 좋아하는 아이돌 B.A.P의 노래, 그리고 슈프림팀(Supreme Team)의 노래. 그때 엄마가 핸드폰으로 공연 영상을 찍어줬는데, 〈고등래퍼〉 나가기 전에 용기를 얻으려고 봤다가 집어던질 뻔했잖아. 너무 오글거려서.

제일 기억에 남는 공연은 뭔가?

창원의 진해루라는 공원에서 할머니, 할아버지들 대상으로 했던 공연. 처음엔 완전 멘붕 왔었어. 관객이 많다는 이야기는 들었지만 연령대까진 몰랐거든. 어차피 내일이면 안 볼 분들이니까 미친 척하고 공연하자고 생각했어. 자작곡 스크롤을 불렀는데 나이 많은 어르신들이 스크롤이 뭔지 알게 뭐야. 그런데도 일어나서 춤도 추시고 호응도 많이 해주셨다. 정말 좋은 경험이었어.

지금껏 쓴 랩 가사 중 자신을 가장 잘 설명하는 구절은?

앞으로 가고자 하는 음악 방향을 가장 뚜렷하게 드러내주는 구절이야. 틀이라는 곡의 "그의 공통점 널 위하는 척, 충분히 너다워 바꾸려 하지 말아, 네가 돼야 될 건 주인공, 그렇고 그런 이의 삶의 조연이 아냐". 자신을 틀 안에 가두고 스스로

과소평가하는 사람들이 있잖아. 그런 사람들을 위로하고 싶어서 만든 거야. 구체적으로는 10년 지기의 학교 공연에 초청받았을 때, 그 친구에게 들려주려고 만들었어. '네가 무슨 랩이냐'고 무시하는 애들 사이에서 유일하게 날 응원해준 친구였다.

학교는 왜 그만뒀나?

사람마다 하나씩 재능을 타고난다고 하잖아. 난 컴퓨터에 재능이 있었어. 선생님이 매달 대회에 내보내서 초등학교 5학년 때부터 1년간 컴퓨터 자격증을 13개나 땄어. 거의 강제적으로 한 거지. 근데 언젠가부터 컴퓨터 앞에 있는 시간이 너무 아깝다는 생각만 들었다. 먼 훗날 아침에 일어나서 회사로 출근하는 날 상상해보니 눈물이 날 것 같은 거야. 랩을 안 하면 평생 후회할 것 같아서 고등학교 1학년 6월에 자퇴했어. 선생님들은 랩하지 말라고, 성공 못한다고, 서울에 잘하는 애들이 얼마나 많겠냐고 했지만 그냥 자퇴했어. 자퇴 이후의 삶이 어떤지, 먼저 자퇴한 다른 학교 친구에게도 물어보고, 네이버 지식인에도 물어봤어. 그래도 겁쟁이는 아니었던 것 같아. 중졸 딸이라는 타이틀이 붙는 게 부모님께 미안해서 고졸 검정고시를 봤어. 합격하자마자 롯데리아에서 알바를 시작했다. 애들 학교 갈 때 난 알바를 간 거지.

자퇴 이후의 생활은 어땠나?

도서관 가서 책 읽고 영화 보고 산책하고 박물관 가고 알바했다. <동상이몽, 괜찮아 괜찮아!>에 '자퇴생 래퍼 지망생'으로 나간 다음부터는 섭외가 꽤 들어와서 공연을 많이 다녔어. 그러고는 <고등래퍼>에 나갔고.

**"가장 가까이 있는 꿈은,
나한테 안될 거라고 손가락질했던 사람들
뒤통수치는 거야. 지금껏 열심히
했으니까 조금 더 노력해야지."**

방송으로 얻은 게 있다면?

거품. 꼭 부정적인 것만은 아니야. 언제 꺼질지 모르지만 그 덕분에 성취하는 것들도 있어. ‹동상이몽…› 거품, ‹고등래퍼› 거품, 방송 거품…. 거품의 유효기간은 3개월 정도야. 그 이후로는 내 자신이 드러날 수밖에 없어.

가장 최근에 메모장에 쓴 건 뭔가?

왕따 당하는 애를 보고 어른들이 어떤 행동을 취하는지 관찰하는 영상을 유튜브로 봤어. 대부분의 어른들이 피해자를 자기 쪽으로 보호하고 괴롭히는 애들에게는 잘못된 행동이라고 일러주더라. 그걸 보고 메모장에 썼어. “상대방 마음을 고의로 흠집 내는 건 정말 못된 거다, 하지만 상처 받은 사람이 숨어야만 하는 건 세상이 잘못된 거다.” 내겐 메모장이 일기야. 창원 합성동에 있는 맛있는 라면집도 적어놓았어.

어른이 되어도 절대 하지 않을 행동은?

어른이 돼서 하기 싫은 것도 없고, 하고 싶은 것도 없어. 사실 내가 아이라고 생각해본 적이 없어. 경제적으로 독립했고 외모 관련해서도 억압받는 게 없어서. 술, 담배는 체질에 안 맞아서 안 하는 거고. 반대로 어른이 되면 해야 되는 건 있지. 지금보다 바빠야 한다는 거, 그것 하나만 있어.

가장 가까이 있는 꿈과 가장 멀리 있는 꿈은?

가장 가까이 있는 꿈은, 나한테 안될 거라고 손가락질했던 사람들 뒤통수치는 거야. 지금껏 열심히 했으니까 조금 더 노력해야지. 멀리 있는 꿈은 돈 많이 버는 래퍼가 되는 거야. 가족들 때문에 돈이 필요해. 돈보다는 명예지만, 가족들 생각하면 돈을 벌어야 해.

는 것과 싫어하는 것으로 자신을 설명한다면?

게 익숙해지지 않는 사람을 좋아해. 예를 들면, 주는 사랑을 당연하게 여기지 않는 사람. 싫어하는 고의'로 하는 행동. 고의로 누군가를 괴롭히고, 고의로 누군가에게 상처 주는 것. 고의라는 단어에는 언제나 나쁜 결과가 따라오는 것 같아.

랩을 하는 데 있어 어려움은 없나?

어떤 환경에 처하든 불만을 갖지 않으려고 해. 가족이 다 같이 작은 원룸에 살았지만 좋은 곡을 내서 성과의 크기는 공간의 크기와 무관하다는 걸 증명하고 싶었어. 어려운 게 있어도 계속 그렇게 마음먹으니까 스스로 세뇌됐나 봐.

롤모델이 있나?

니키 미나즈. 팬을 대하는 영상, 무대연출하는 영상을 다 찾아봤는데 그 에너지가 너무 멋있어. 불우한 가정에서 사랑을 못 받고 자랐는데도 오히려 팬들에게 사랑을 준다는 게 너무 멋있어. 제일 존경하는 사람은 산이 오빠야. <동상이몽…> 에서 방송 카메라 꺼지자마자 먼저 전화번호를 물어보고 레슨을 1년 넘게 그냥 해줬어. 레슨뿐만 아니라 삶에 도움이 되는 조언을 정말 많이 해줬어. 지금도 기억나는 건, "즐겁게 하는 것도 중요한데, 아이러니하게 빡세게 하는 것도 중요해. 그래야 더 크게 될 수 있어"라는 말이야. □

조원우 H2adin

내 규모의 프리스타일 랩
대회인 'SRS'(Street
ap Shit)에서 2016년 준우승,
2017년 우승을 차지했다. 직설적인
가사와 이를 뒷받침하는 가사
전달력을 바탕으로 ‹고등래퍼›
부산 경상 지역선발전에서 1위,
최종 순위 3위를 기록했다. 명료한
발음과 타고난 박자감각, 무엇보다
자신의 실력을 객관적으로 판단할 줄
아는 명민함이 무기다. 대구의
힙합 신을 이끄는 래퍼가 되는 게
목표다.

인스타그램: h2adin

사운드클라우드: h2adin

조원우
랩네임: 헤딘(H2adin)
– 2000년 대구 출생
– 대구 성화중학교 졸업
– 대구 경상고등학교 중퇴

그렇다고 by 조원우

I sit on my chair 자칭 또라이
5분도 집중을 못해 가사를 쓸 때까지도
그렇다고 나를 이상한 눈초리로 쳐다보지
말고 음악이 좋음 Download하십쇼

난 Crew 없고 Label 없고
하지만 뻔뻔하게도 이 씬에 내 이름 적고
I go by my name ha 통과 안 해 Tollgate
공짜로 Backing해줄 Back이 없네요

아버지 습관같이 말씀하시길
이 시기를 놓치지 말래
돈 몇 푼에도 벌벌 기고
쩔쩔 매는 본인을 절대 닮지를 말래

차마 말은 못했지만 I respect you
비포장도로에다가 길을 내준
난 시를 뱉는 사람이 되려 합니다
다 비켜 나는 절대 안 배려합니다

그렇다고 그렇다고 그렇다고
이렇다고 이렇다고 이렇다고
속물들은 이리저리 갈아타고
갈아타고 갈아타도 난 어디도 안 간다고

그렇다고 그렇다고 그렇다고
이렇다고 이렇다고 이렇다고
속물들은 이리저리 갈아타고
갈아타고 갈아타도 난 어디도 안 간다고

ine이 안 떠오를 땐 Brainstorming
난 들어맞지 않아 너네 Faker's fit
how Me The Money 지켜봐왔지만 나는 거기
들어맞지 않아 필요 없지 Trophy

난 그저 드높일 거야 더럽힐 거야
소굴 속에서 나만의 향만을 그저 피울 거야
Im'ma be talented artist
내가 등장 Balance를 조지지 난 마치

작업하느라 24시간 혹사당한
나의 Computer 이제 거의 반 과부화
하나만 더 예를 들게
밤새 은밀했던 밤이 끝난 후의 신혼부부 같아

너넨 두부 같아 한 번에 썰려
난 빈집털이 너네 집 털어
버려 너네 경력처럼 시간만 흘렀거든
근데 이제 내가 뜨는 건 시간 문제 You heard?

그렇다고 그렇다고 그렇다고
이렇다고 이렇다고 이렇다고
속물들은 이리저리 갈아타고
갈아타고 갈아타도 난 어디도 안 간다고

그렇다고 그렇다고 그렇다고
이렇다고 이렇다고 이렇다고
속물들은 이리저리 갈아타고
갈아타고 갈아타도 난 어디도 안 간다고

우는 게 특기였던 나의 어렸던 시절
그때의 순수함과 맞바꾼 내 Confidence
우는 게 특기였던 나의 어렸던 시절
그때의 순수함과 맞바꾼 내 Confidence

우는 게 특기였던 나의 어렸던 시절
그때의 순수함과 맞바꾼 내 Confidence
우는 게 특기였던 나의 어렸던 시절
그때의 순수함과 맞바꾼 내 Confidence

그렇다고 그렇다고 그렇다고
이렇다고 이렇다고 이렇다고
속물들은 이리저리 갈아타고
갈아타고 갈아타도 난 어디도 안 간다고

그렇다고 그렇다고 그렇다고
이렇다고 이렇다고 이렇다고
속물들은 이리저리 갈아타고
갈아타고 갈아타도 난 어디도 안 간다고

조원우

사람들이 많이 알아보나?
대구에서는 알아보는 사람이 꽤 많아. 특히 중고등학생들.

오늘 입고 온 스타일에 대해 설명해달라.
이 'DAEGU' 티셔츠는 편집숍 이플릭(Eplc)과 하드히터스(Hardhitters)라는 브랜드가 협업해서 만든 거야. 대구 래퍼들이라면 한 장씩은 가지고 있어. 자부심의 표현이지. 카무플라주 바지와 벙거지 모자는 요즘 자주 착용하는 것들이고, 목걸이는 협찬받은 거. 오늘 촬영한다고 해서.

랩에 처음 관심을 가지기 시작한 건 언제인가?
초등학교 3~4학년 때부터 음악에 관심이 많았어. 그땐 접하기 쉬운 아이돌 음악을 들었는데, 그중에서도 랩 파트에 감흥을 느꼈던 것 같아. 그러다가 6학년 때 다이나믹듀오의 고백을 듣는데, 이건 뭐 아이돌 랩과는 차원이 다른 거야. 심지어 직접 쓴 가사라고? 그게 가장 놀라웠어. 랩으로 자기 이야기를 풀어낸다는 게 인상 깊었지. 재미있어 보여서 6학년 때부터 카피 랩을 했다. 발성이나 발음 연습도 곁들였어. 어느 땐 낮게, 어느 땐 높게. 중2 겨울방학부터는 가사를 쓰기 시작했어. 아직도 만족할 만큼 성숙한 가사를 쓰지는 못하는데, 그래도 처음보다는 단어의 선택이나 짜임새가 보완된 것 같아. 주제 의식도 생겼고.

주로 어떤 내용을 가사로 담아내는가?
나를 향한 대중의 평가가 있잖아. 그런 걸 보면서 든 생각, 또 앞으로 어떻게 해나갈지에 대한 고민을 쓰는 편이야. 많이 듣는 이야기 중 하나가 '랩은 엄청 잘하는데 별다른 매력이 없다'는 말이야. 나만의 색이 있긴 한데, 사람들이 좋아할 건가 봐. 그렇다고 완전히 뒤바꿀 생각은 없어.
아온 의견을 참고하면서 좀 더 구체적인 방향을
려고 해.

'헤딘'이라는 랩네임은 무슨 뜻인가?

아무 뜻이 없어. 고등학교 1학년 때 만든 곡을 올려야 했는데 이름이 없어서 아무렇게나 막 지은 거야.

<고등래퍼>에 나가게 된 계기는?

대구에서만 활동하다 보니 우물 안 개구리 같다는 걱정이 들었다. 전국 단위로 보면 나보다 잘하는 사람이 많을 텐데, 한번 겨뤄보자는 생각으로 나갔어.

프리스타일 랩은 언제부터 시작했나?

중학교 3학년 때, 프리스타일 랩을 겨루는 'SRS 2015'라는 대회가 있었어. 처음엔 구경만 하러 갔다가 왠지 아쉬워서 무작정 참여했지. 운 좋게 예선은 통과했는데, 8강에서 만난 어떤 30대 래퍼에게 처절하게 깨졌다. 그때부터 프리스타일 랩에 관심이 생겼어. 대구 국채보상운동기념공원에서 매주 래퍼들끼리 싸이퍼를 하거든. 거기 끼어서 랩을 했어. 그러다 1년 뒤 같은 대회에 나가서 준우승, 그 이듬해에는 결국 우승을 차지했어.

힙합의 어떤 부분에 매료된 건가?

힙합하는 사람들은 남의 눈치 안 보잖아. 자기가 하고 싶은 얘기를 했을 때 멋있을 수 있고, 자기의 약점을 드러내보여도 멋있을 수 있는 게 힙합이라고 생각해. 어떤 모습이든 그 안에서 멋을 창조해낼 수 있는 게 매력적이야.

그럼 자신이 가진 멋은 무엇이라고 생각하는가?

가식이 없고, 허세도 부리지 않는 것. 그리고 가장 정통적인 형태의 힙합을 보여준다는 것. 프리스타일 랩도 잘하고.

좋아하는 것으로 자신을 설명한다면?

방 정리. 다른 가족들은 정리에 무심해서, 내 방만 깨끗해. 물건을 재배치하거나 컴퓨터 폴더 정리하는 것도 너무 재미있어. 그게 취미야. 요즘에는 옷 사는 것도 좋아해. 이플릭이나 롸킥스(Lakickz) 같은 스트리트 편집숍에 자주 들러. 브랜드는 아임낫어휴먼비잉(I am not a human being)과 칼하트를 좋아해.

반대로 싫어하는 것으로 자신을 설명한다면?

학교 다니는 거 싫어해. 사람들이 모범생처럼 보인다고 하는데, 절대 아니야. 그런 이미지에서 벗어나고 싶다. 물론 결석하거나 수업을 빼먹는 건 아닌데, 학교생활이 내키진 않았어. 의무감에 다녔지. 〈고등래퍼〉 끝나고 자퇴서를 냈어. 학교에서 보내는 시간이 하루에 8시간 정도야. 그 시간에 과연 뭘 얻을 수 있을지 곰곰이 생각해봤는데 없더라고. 계속 잠만 자고, 그럴수록 무의미하다는 생각이 커지고. 게다가 방송에 나간 다음부터는 친구 관계도 더 힘들어졌어. 내가 경계를 두는 건 아닌데, 친구들이 날 불편하게 생각하는 거야. 자퇴는 잘한 선택인 것 같아. 한 번도 후회한 적이 없어.

학교에 대한 생각을 좀 더 듣고 싶다.

배운 것도 있어. 학교 생활 덕분에 어떤 사람이든 비판의식을 가지고 대하고, 그 사람의 단점을 찾아내는 데 능숙해졌어. 사는 데 꼭 필요한 능력이냐 하면 그건 모르겠는데, 아무튼 저 사람은 어떤 사람이라는 게 잘 보이더라. 중학교 때

선생님이 좀 졸렬한 타입이었어. 양아치 같은
애들에게는 함부로 말도 못하면서 만만한 애들한테만
…적인 스타일. 이상한 사람이라는 생각이 들어서 많이
싸웠어. 지금 생각하면 무례하게 대든 구석도 있었는데, 영웅
심리랄까 반항심에 그렇게 나섰던 거 같아. 그렇게 학교에선
저항의식과 반항심을 배웠어.

대학에 진학할 건가?

아니. 랩을 가르치는 학교가 있긴 한데 배울 게 없을 것
같아서.

자신의 음악적 재능에 대해서는 어떻게 생각하나?

없다고는 생각하지 않아.

부모님의 반대는 없었나?

좋아하지도 싫어하지도 않으셨다. 엄마가 약간 반대했는데,
원래 부모님 말에 동요되는 스타일이 아니어서.

어른이 되어도 절대 하고 싶지 않은 것이 있다면?

일단 흡연. 담배 피우는 고등학생 래퍼들 많은데 냄새가
정말 끔찍해. 그리고 서른 살 넘어서까지 취업 못해서
부모님한테 빌빌거리는 경우도 많잖아. 그렇게 짐이 되고
싶지도 않아. 스무 살이 되면 완전히 독립하고 싶어. 그래서
지금 더 열심히 해야 하고.

자신의 10대를 한마디로 정리한다면?

누구에게도 간섭받지 않고, 자유롭고, 자기 주도적이었다고
말할 것 같아.

H2ADIN

“자기가 하고 싶은 얘기를 했을 때 멋있을 수 있고, 자기의 약점을 드러내보여도 멋있을 수 있는 게 힙합이라고 생각해.”

음악을 하기 위해 서울에 갈 계획인가?

한때는 무조건 서울에 가야 한다고 생각했는데, 지금은 생각이 바뀌었어. 대구를 대표하는 아티스트가 되고 싶어. 지역을 대표하는 게 멋있다는 생각이 들었거든. 물론 서울이라는 도시가 음악하기에 한결 나은 환경인 건 분명하지만, 대구에서도 충분히 하고 싶은 음악을 할 수 있다고 생각해. 요즘은 랩을 하기 전에 꼭 'Represent 053'이라는 말을 해. 내 슬로건이야. 대구 지역번호가 053이거든.

가장 가까이 있는 꿈과 가장 멀리 있는 꿈은?

가장 가까이 있는 꿈은 운전면허증을 따고 차를 사는 거. 가장 멀리 있는 꿈은 정규 음반 내는 거. 막상 해보니까 쉬운 일이 아니더라.

롤모델이 있나?

우상까진 아니고, 테이크원(TakeOne)이라는 래퍼의 태도를 본받고 싶다. 방송 시스템에 대한 비판 의식도 있고, 자기 신념도 확고한 사람이야. 정규 1집을 5년 걸려서 만들었대. 그분에 대한 수식어 중에 "진짜를 보여주는 게 제일 어렵다는 걸 아는 사람, 그런데도 그 길을 가려고 하는 사람"이라는 표현이 있어. 동의해. 그런 게 진짜 힙합이라고 생각해.

랩으로 이루고 싶은 게 있나?

후배들이 나를 떠올렸을 때 '멋있다'는 이미지를 떠올려주길 바라. 멋이 없거나 힙합에서 벗어나는 행위를 하기는 싫어. 그리고 딱 마흔 살까지만 하고 깔끔하게 그만두고 싶다. 그 이후에도 멋있게 할 수 있을지 미심쩍거든. 마흔 살 넘어가면

[illegible]을 못 따라갈 것 같아.

<u>앞으로의 랩 가사에 평생 쓰고 싶은 세 가지 단어를 고른다면?</u>

'태도'. 힙합에 대해서는 변하지 않는 태도를 고수하고 싶어. 다음으로는 '진짜'. 진짜와 가짜를 얘기할 때 나는 진짜에 속할 수 있어야 해. 그리고 '가족'에 대한 얘기도 많이 할 것 같아.

<u>랩 말고 또 좋아하고 잘하는 게 있나?</u>

림보. 60cm까지 성공했어. 교내 대회에서 1등까지 했어. □

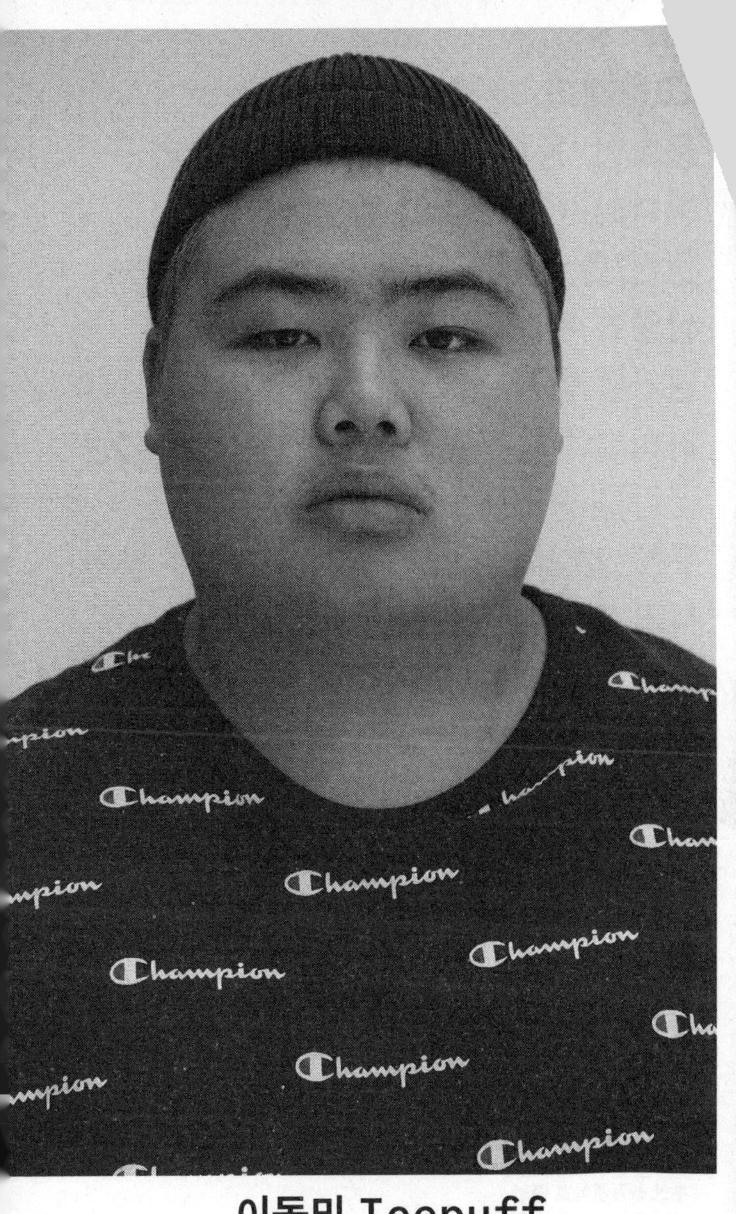

이동민 Icepuff

등래퍼›에 부산 지역 힙합 문화인 ‘똥다리 싸이퍼’(부산대 인근 똥다리라는 곳에서 하는 싸이퍼 경연)를 소개하며 등장했다. 풍부한 성량과 무대장악력이 돋보인다는 평가를 받았으며 특히 ‹고등래퍼› 파이널에서 선보인 금의환향은 폭넓은 공감을 불러일으킨 바 있다. 이후 부산 일대에서 크루 ‘식스텐스’와 공연 시리즈 ‘Makin New Culture With S’라는 타이틀로 지속적인 활동을 이어가고 있다.

인스타그램: puffcankillemall_6

사운드클라우드: puffcankillemall

이동민
랩네임: 아이스펍(Icepuff)
– 1998년 부산 출생
– 부산 성동중학교 졸업
– 부산 중앙고등학교 졸업
– 힙합 크루 ‘식스텐스’(Sixtense), ‘아쿠아’(Aqua) 소속

Puffin by 이동민

Puff puff kill'em all(kill'em all x 2)
Puff puff kill'em all(kill'em all x 2)
Puff puff kill'em all(kill'em all x 2)
Icepuff kill'em all x 4

I'm makin new makin new
Six city trend setter make me prove
아무것도 아닌 새끼 냅두라고
무시하고 돌아보니 dreams come true
어리석은 놈들아 내가 멋없게
제자리길 바랬니 다시 내 실력 upgrade
다시 말해 절대로 망할 일 없기에
미래를 내다보니 나의 순이익 억대
Puff! puff! fuck it up
절대 모르지 내 flow like 럭비공
너 래퍼라며 작업물은 구리고 잘난 니 형제가 버팀목
Fuck that I hate u all
딴따라 기질은 버리고 돈 벌어
뒷담화 조지던 새끼들 whut up
나를 꼰대라 칭하던 후배들 whut up
나이 똥꼬는 너네지 판단력 흐려?
Yeah, what? yeah, what?
Ain't nobody doin' like me
Yeah, what? yeah, what? 아이스펍 올려 섭외 가치
Yeah, what? yeah, what?
나란 놈은 최고의 자리가 잘 어울려
배팅해 아무나 Mayweather 같이 전승은 거머쥐고 선
너를 엿 맥일 거여 친한 척 그만 cock boi

이동민

요즘 가장 큰 관심사는?

살 빼고 있다. 전세계가 뚱뚱한 걸 싫어하니까 좀 빼려고. 사람이 변하지 않으면 정체되잖아.

<고등래퍼> 이후에 얻은 게 있다면?

내 노래를 들어주는 사람이 늘어났다는 게 좋으면서도 나쁜 점이야. 예전엔 내 맘대로 했는데 이젠 노래 하나를 만들 때도 신경을 써야 하니까. 반응이 안 좋으면 어떡하나, 걱정돼서 잠도 잘 못 자. 자려고 누워도 '이럴 게 아니라 가사라도 쓸까?' 하는 생각이 자꾸 들어. 원래는 씩씩하고 긍정적이었는데 <고등래퍼> 끝나고부터 걱정이 많아졌어. 스스로를 감금하고 있다는 생각도 들고. 제대로 된 음악을 하려면 이런 압박감도 이겨내야겠지.

어떻게 음악을 시작하게 됐나?

아직 음악하는 사람이라고 생각하지 않아. 음악하는 사람이 되고 싶은 거지. 확실한 작업물, 믹스테이프든 음반이든 한 장도 낸 게 없잖아. 방송에 나갔다고 하루아침에 뮤지션이 된 건 아니니까. 래퍼가 되기 위해서 열심히 노력하는 중이야.

왜 래퍼가 되고 싶었나?

고등학교 1학년 때 <쇼미더머니3>를 보고 스윙스 형을 엄청 따라 했어. 나랑 체격도 엇비슷하잖아. 가사를 쓰기 시작한 건 그 이듬해 초부터. 중고등학교를 같이 다닌 김준호라는 친구가 있었는데 걔가 가사를 쓰는 게 멋져 보이더라고. 내가 다른 사람 노래 카피하면서 공연을 다니는 동안 걘 자기 얘기를 쓰고 있었거든. 그래서 어떻게 쓰는 건지 물어봤어. 그때 라임이란 걸 처음 알았다. 그 친구가 내겐 랩 선생님이나 다름없어. 물론 그때 쓴 가사는 손발이 녹아내리지 않고서는 못 볼 정도지.

크루는 어떻게 시작했나?

[illegible] 가사를 써보던 시기에 정종현이라는 다른 학교 친구한테서 연락이 왔어. 크루 한번 해보자고. 그땐 그게 뭔지도 몰랐어. 별 문제될 것도 없을 것 같아서 오케이, 만나자고 했어. 나와 김준호, 김준호의 친구 제갈승원과 주재만, 정종현 이렇게 다섯이 닭볶음탕집에서 크루 이름을 어떤 걸로 할지 고민했어. 주재만이 '식스센스' 어떠냐는 거야. 왜 그 영화 있잖아. 잘못 발음하면 선정적일 수도 있을 것 같아서 내가 '식스텐스'로 바꾸자고 했어. '텐스'(tense)가 '긴장한'이라는 뜻이잖아. 실은 짓고 나서 안 거지만. 그리고 부산 지역 국번이 051이잖아. 0+5+1은 6, 따라서 식스텐스는 '우린 부산의 긴장감이다' '우리가 다 먹어버리겠다'는 의미야. 그때가 2015년 늦여름이었는데, 사실 이름만 만들어놓고 넉 달간 아무것도 안 했어.

본격적으로 공연을 하기 시작한 계기가 있었나?

SNS를 보니 너나 나나 다 크루라는 거야. 막상 작업물을 들어보면 별것도 없어. 가오, 허세를 엄청 부리는 거지. <쇼미더머니> 때문에 그런 청소년들이 많이 생겼어. 대충 래퍼 행세하면서 엄마 등골 빼먹으며 비싼 슈프림(Supreme) 옷이나 사는 애들. 나도 겨우 네 개밖에 못 샀는데. 하여간 그런 애들이 너무 싫어서 멤버들한테 우리는 제대로 하자고 했다. 내가 좀 멱살 잡고 끌고 가는 스타일이야. 지금 생각하면 너무 고마운 게, 애들이 잘 따라와줬어. 진짜 열심히 했어. 지금은 크루 자체가 엄청 커졌어. 비트를 찍는 프로듀서가 셋, 뮤비를 촬영하는 친구가 하나, 래퍼가 아홉, 그리고 옆에서 공연을 도와주는 친구가 하나. 아, 중간에 주재만이라는 친구는 나갔어.

부산을 소재로 랩을 쓴다면?

부산엔 랩을 잘하는 사람이 별로 없어. 그게 좀 아쉬워. 가끔 인스타그램이나 페이스북 메신저로 '부산 사는 학생인데 랩을 잘하고 싶다, 근데 어떻게 해야 할지 모르겠다'고 연락이 와. 그럴 때마다 나름대로 성심껏 답을 하는 편이야. 같은 지역에서 잘하는 사람이 나오면 좋으니까. 그런데 부산에서 잘돼도 다 서울로 가버려. 사이먼 도미닉이나 콰이모(Quaimo)도 부산 출신인데 서울로 갔고. 그래서 부산이라는 소재로 랩을 쓴다면 슬픈 가사들이 나올 것 같아.

음악하러 서울에 안 갈 건가?

부산 신에 남아서 계속하고 싶은데, 모르겠어. 처음 랩을 했던 공간도 여기고, 내가 태어나고 자랐던 도시도 여기라서. 요즘에는 인터넷이 발달돼 있으니 서울까지 안 가도 괜찮지 않을까?

부산에서 가장 기억에 남는 공간은?

우리 동네, 문현동. 내가 쓴 서울 구경 가사에도 나와. 태어난 건 좌천동인데, 문현동에서 15년 넘게 살았어. 할머니 집 바로 앞에 있던 구멍가게가 생각난다. 할머니한테 용돈 받으면 과자 사러 갔었어. 지금은 장사를 안 해서 작은 담배 벽간판만 남은 공간이야. 너드 포드(Nerd Ford)라는 랩네임을 쓰는 형이 있다. 그 형이 자기 동네를 주제로 두실이라는 노래를 냈는데 멋있더라고. 나도 언젠가 '문현'이라는 제목을 붙인 곡을 만들고 싶어.

좋아하는 것과 싫어하는 것으로 자신을 설명한다면?

앞뒤가 다른 사람이 너무 싫어. 극혐이야. 사람이 항상 진실될 순 없지. 어느 정도는 거짓말을 할 수 있어. 그런데 더듯이 거짓말하는 사람은 정말 싫다. 차라리 내 앞에서 놓고 욕하는 사람이 나아. 예전엔 나도 앞뒤가 달랐어. 그런 내 자신이 너무 한심한 거야. 멋대가리가 없었지. 그래서 고쳤어. 불만이 있으면 앞에서 드러내놓고 말하자, 당장에 싸가지 없어 보여도 냉철하게 이야기하는 사람이 되자. 다른 사람들의 객관적인 평가가 있어야 자신을 돌아볼 수 있잖아. 그런 의미로 윤병호랑 조원우가 좋아. 특히 원우는 내 앞에서 할 말 다해. 원우와는 거의 연애하다시피 하는 사이야. 다섯 시간 넘게 통화한 적도 있어.

음악을 하는 이유에 대해 생각해봤나?

사람들 앞에 나서는 걸 진짜 좋아해. 난 무대에 서야 하는 사람이야. 그래서 연극도 해봤고, 뮤지컬도 경험해봤다. 배우들에게 연기 왜 하냐고 물어보면 돈을 떠나서 관객들로부터 오는 피드백 때문이라고 하는 사람 많잖아. 나도 그래. 사람들의 좋은 반응을 끌어내고 싶다. 그래서 더 잘하고 싶고 더 노력하려고 해.

앞으로의 랩 가사에 평생 쓰고 싶은 단어를 세 가지 고른다면?

자만, 괴리감, 명예. 가사 쓸 때마다 '자만'이라는 단어는 빠뜨린 적이 없는 것 같다. '명예'라는 단어도 그래. 예술가로서 명예를 지키는 건 정말 어려운 일이잖아.

랩네임은 뭔가?

그러고 보니 ‹고등래퍼›에 나가서 잃은 게 하나 있다. 랩네임을 잃었어. '랩토'라는 이름을 썼는데 강제 '닉변' 당했어. 새로 하나 지었어. '아이스펍'(Icepuff)으로.

"부산에서 랩을 잘하는 사람이 나오면 좋겠어. 근데 다 서울로 가버려. 부산이라는 소재로 랩을 쓴다면 슬픈 가사들이 나올 것 같아."

학교로부터 배운 게 있나?

단 늦잠은 자지 말아야 한다는 거, 규칙적인 생활을 해야 한다는 거, 그리고 격식을 차려야 할 때는 차려야 한다는 거. 그 밖에도 배운 게 많아. 고등학교를 안 다녔으면 힙합 동아리도 못했을 거고, 지금 음악하는 친구들도 못 만났을 거고, ‹고등래퍼›에도 못 나갔을 테니까.

대학교는 진학했나?

사실 엄마 등쌀 때문에 갔어. 몇 백만 원 학비만 날렸지. 실용음악과였으면 장비라도 빌리러 나갔을 텐데, 기계과라서 그럴 수도 없고.

지금껏 쓴 랩 가사 중 자신을 가장 잘 설명하는 구절은?

금의환향에서 "we came from the b city, 아무도 못했던 일을 did it"이라는 대목. 우리 크루 말고는 부산에서 제일 큰 공연장 빌려서 공연한 사람들이 없었어. 공연 기획하는 형조차 우리더러 미친 놈들이라고 그랬으니까.

오늘 입고 온 스타일에 대해 설명해달라.

챔피온 티셔츠는 이태원 갔을 때 편집숍 들러서 산 거야. 예쁘잖아. 바지는 팔라스(Palace), 신발은 아디다스에서 협찬받은 거야. 머리는 외국 래퍼 스타일을 따라 한 건데, '양념 반 후라이드 반' 돼버렸다. □

이현우 Loanne

산 거주. 또래 친구들처럼 쇼미더머니〉를 보고 힙합에 빠졌다. 고등학교 2학년 때 음악학원에서 랩 선생님을 만나 본격적으로 음악을 시작했다. 그 후 친구와 함께 크루 ‘S-Wave’를 만들었고, 〈고등래퍼〉에 출연했다. 현재 부산 지역의 언더그라운드 공연장에서 활동하고 있다.

현우
임: 로안(Loanne)
9년 서울 출생
포중학교 졸업
악고등학교 졸업
– 힙합 크루 ‘S-Wave (aka Suckus Muzik)’ 소속

인스타그램: bokja1ove

사운드클라우드: sukus

All Day by 이현우 (Feat. Steady Lapallo)

All day I just goin goin and goin
All day 난 늘 고민 고민해 고민
네게 어떤 스타일의 옷이 어울릴
Supreme bape adidas nike gucci lui v
뭘 입어도 늘 ballin

뭘 입어도 늘 ballin 니 몸맨 안 통해 논리
너와 함께 경대 가면 지나가는 남자들이 모두 네게 all in
It's not your fault
예쁜 꽃엔 벌레들이 자주 꼬이는 법
넌 지조 있게 향기만 남겨주고 벌레들과는 안 섞이는 걸
다 가려도 넌 너무 야해 니가 어디든 난 걱정하네
어떻게든 너와 한번 해보려는 루저 새끼들은 여전하네
걔넨 너랑 연락하려 애를 써 열에 아홉 생각 없는 애들로
가득 차 있지 오늘도 난 너의 거대한 어항 속에 헤엄쳐

All day I just goin goin and goin
All day 난 늘 고민 고민해 고민
네게 어떤 스타일의 옷이 어울릴
Supreme bape adidas nike gucci lui v
뭘 입어도 늘 ballin

말로 표현할 수 없어 니 앞에선 소심해져
겨우 몇 마디 하는 것도 난 떨려서 버벅댔어
궁금해 너가 좋아하는 style,
난 가능해 너가 원하는 style
니 주위 남자들 데일린 전부다 공장에서 찍어 낸 style
Yeah you have winning lotto
니 남잔 보장된 성공
원하면 전부 다 사줄게 중고는 됐어 새걸로

더 이상 안 해도 괜찮아 골치 아픈 계산
되어보자고 회색 빌딩 숲 안의 두 마리의 bape shark

All day I just goin goin and goin
All day 난 늘 고민 고민해 고민
네게 어떤 스타일의 옷이 어울릴
Supreme bape adidas nike gucci lui v
뭘 입어도 늘 ballin

어울리지 넌 뭘 입어도
맘에 들어 나랑 비슷한 그 스타일의 옷도
가격표가 널 방해할 순 없으니
걱정하지 마 오빠는 랩으로 돈 벌면 되니까
넌 니가 사고 싶은 거 다 사고 맘껏 써
I just goin goin and go
이제는 고민하지 않아 너와 같이 옷을 입고
Let's take take it all clothes
What you want it
흥청망청 써버려 don't care about 오빠 주머니

All day I just goin goin and goin
All day 난 늘 고민 고민해 고민
네게 어떤 스타일의 옷이 어울릴
Supreme bape adidas nike gucci lui v
뭘 입어도 늘 ballin

이현우

랩을 처음 시작한 건 언제였나?

아마 중학교 2학년 겨울. 그때는 다른 사람의 랩을 따라 하기만 했고, 가사를 쓰기 시작한 건 고등학교 1학년 때부터.

랩의 어떤 부분에 빠져서 시작한 건가?

우연히 〈쇼미더머니〉 첫번째 시즌 마지막 회를 봤어. 로꼬가 결승 무대에서 랩을 하는데 환상이었다. 무작정 따라 하기 시작했지.

본격적으로 가사를 써야겠다는 생각을 하게 된 계기는?

학교 친구가 실용음악학원을 소개해줘서 갔더니, 랩을 가르쳐주는 선생님이 있었어. 한창 〈쇼미더머니〉 열풍이 불 때였다. 그분을 만나고부터 음악에 대한 생각이 바뀌었어. 사실 난 흔히 말하는 '힙찔이'였어. 관심은 있는데, 제대로 하는 건 없는. 선생님이 힙합이 어떻게 시작됐는지, 목소리를 어떻게 내야 하는지, 가사는 어떻게 써야 하는지 알려주셨어. 그때부터 본격적으로 내 얘기를 썼어.

같이 음악을 하는 크루가 있나?

'S-wave'라는 크루. 만든 지 1년 반 정도 됐다. 〈고등래퍼〉 같이 나간 친구 (김) 재연이와 만들었어. 가장 나이가 많다는 이유로 리더를 하는 중이야.

〈고등래퍼〉에 나가게 된 계기는?

내 또래의 음악하는 애들이 보고 싶었어. 지원 동기에도 그렇게 썼어. 만약 다시 고쳐 쓸 수 있다면 '아디다스 협찬받기 위해서'라고 쓸 거다. 협찬받는 애들이 부럽다.

〈고등래퍼〉를 나간 후 어떤 변화가 생겼나?

사람들이 날 대하는 태도. '고3인데 공부나 해라, 음악한다고 잘되겠냐'는 시선으로 보던 사람들이 많았거든. 엄마도 반대가 심했는데, 방송에 나간 덕에 눈치를 안 보게 됐어. 하고 싶은 음악도 계속하고 있고, 옷도 이제는 마음대로 입어. 내 스타일을 이상하게 보던 친구들도 "역시 힙합이네"라고 해.

'로안'(Loanne)이라는 랩네임은 어떻게 만든 건가?

〈고등래퍼〉 촬영하러 서울로 가는 버스 안에서 지었어. 별다른 뜻이 있는 건 아니야. 방송에서 소개할 멋진 랩네임을 이것저것 고민하다가, 문득 고속도로 표지판에 써 있는 '고속도로안전'이라는 글씨를 봤다. '어? 로안? 좀 멋있는데?'라는 생각이 들었어. 알파벳 표기는 'Loanne'이야.

힙합 음악을 하는 이유는 무엇인가?

매력적인 문화라고 생각해. 학벌도, 출신도 상관없이 오직 실력으로만 승부하는 거잖아. 또 힙합이 크루라는 형태로 움직이는 것도 마음에 들어. 친구들과 뭉쳐서 몰려다니는 걸 좋아한다.

요즘 가장 매력적인 힙합 뮤지션은 누구라고 생각하나?

21 새비지(21 Savage). 요즘 제일 많이 듣고 있는데, 진짜 죽여줘.

좋아하는 것으로 자신을 설명한다면?

사람 만나는 거. 그냥 만나서 얘기하는 게 좋다. 근데 혼자 있는 것도 괜찮아. 궁상맞아 보일 때도 있는데, 혼자 산책하는 것도 좋아해.

“힙합이 크루라는 형태로 움직이는 것도 마음에 들어. 친구들과 뭉쳐서 몰려다니는 걸 좋아한다.”

반대로 싫어하는 것으로 자신을 설명한다면?

새를 싫어해. 예측 불허잖아. 무섭기도 하고. 그리고 토마토를 못 먹어. 유치원 때 편식이 심한 내게 선생님이 토마토를 억지로 먹였던 기억이 있어. 그게 공포로 남았는지 지금도 못 먹는다.

학교로부터 배운 것은 무엇인가?

내 기준에서 보자면, 정말 별로야. 특히 교우관계를 위해서 학교를 다녀야 한다는 얘기는 말도 안 된다고 봐. 학교를 안 다녀도 친구들은 충분히 만날 수 있고, 교우관계 자체를 안 좋아하는 사람도 있잖아. 하루 중 8시간을 학교에 있어야 하는데, 그 시간에 마음껏 랩을 할 수 없다는 것도 답답했어. 시간이 아깝지. 그럼에도 자퇴를 안 한 건, 음악하는 걸 이해해주는 엄마에 대한 최소한의 예의라고 생각해.

대학교에 가지 않은 이유는?

음악하는 사람들한테 대학이 무슨 필요가 있나 싶어. 시간 낭비, 돈 낭비 같아. 형이 대학을 다니는데, 그게 내 돈도 아니고 엄마 돈인데도 왠지 기분이 안 좋아. 그 많은 돈을 그냥 앉아 있는 데 쓴다는 생각이 든다.

자신의 10대를 한마디로 정리한다면?

뭐든 흐지부지하고 나태했던 18년, 그리고 나 자신을 알게 되면서 기분 좋은 일이 가득했던 2년. 그렇게 기억할 거 같다.

어른이 되어도 절대 하고 싶지 않은 게 있나?

국가에서 불법으로 지정한 것들. 또 범죄까지는 아니더라도 비윤리적인 행동들. 가령 바람을 피운다거나, 무례하게 행동하는 것들. 남의 의견을 차단하는 어른도 별로라고 생각해.

지금 살고 있는 곳을 곡으로 쓴다면 어떤 얘기를 할 것 같나?

지금 부산 남구 용호동에 살아. 용호동에는 선한 바이브(vibe)가 있어. 심지어 양아치도 착해. 남에게 피해를 안 줘. 그리고 부산 사람들은 합이 잘 맞는 것 같아. 공연하면 서로 처음 보는 관객들인데도 다들 잘 어울리고 잘 놀아. 부산 사람들끼리 통하는 뭔가가 있어. 그런데 랩으로 할 만한 이야깃거리는 안 나올 것 같다. 사건이 없어서 그런지 할 얘기도 별로 없어.

랩을 통해서 진짜 말하고 싶은 건 뭔가?

거짓으로 가사를 쓰는 사람들은 멋이 없다고 생각해. 예를 들어, 미국에서는 게토에서 올라왔다는 말이 성립이 돼. 진짜 겪은 거잖아. 그런데 우리나라 래퍼가 '나는 바닥에서 왔다'고 말하잖아? 십중팔구는 가짜다. 나만 해도 평탄한 가정에서 자라면서 학원도 다니고, 유학도 다녀왔어. 그런데 감히 어떻게 바닥 운운할 수 있겠냐고. '진짜'만 얘기하고 싶어.

앞으로의 랩 가사에 평생 쓰고 싶은 세 가지 단어를 고른다면?

우리 크루 이름인 'S-wave'. 그리고 'Fake MC'. 힙합 문화는 자기를 그대로 표출해야 한다고 생각하기 때문에. 세번째는 '부산'. 좀 전에도 말했지만 부산이라는 지역에 나름대로 자부심이 있어.

지금 유행이 힙합이 아니라 밴드 음악이었다면, 밴드를 했을 것 같나?

솔직하게 말하면 했을 것 같아. 애초에 힙합을 시작한 계기도 TV 때문이었잖아. 만약 TV에서 본 밴드 공연에서 로꼬의 무대와 같은 감흥을 느꼈다면, 밴드에 도전했겠지. □

비트주세요!
—2017 고등래퍼의 아이들

초판 2018년 4월 12일

저자: 나지언, 강예솔
사진: 김연제
편집: 김광철, 이민재
북디자인: 유명상

프로파간다
서울시 마포구 양화로 7길 61-6
T. 02-333-8459
F. 02-333-8460
www.graphicmag.co.kr
graphicmag@naver.com

ISBN 978-89-98143-55-8
(04680)

나지언
영화 주간지 ‹FILM2.0›을 거쳐 패션지 ‹GQ›, ‹NYLON›, ‹DAZED AND CONFUSED›에서 피처 에디터로 일했다. 현재 ‹GQ› 디지털 디렉터로 일하고 있다.

강예솔
패션지 ‹NYLON›과 ‹PLAYBOY›에서 피처 에디터로 일했다. 현재는 프리랜스 에디터로 일하고 있다.

김연제
패션지, 여행지 등 다양한 매체를 통해 인물과 공간에 대한 사진을 선보이고 있다. 피사체를 편견 없이 정직하게 담으려고 한다.

Drop the Beat !
—26 Teen Rappers in 2017
"GodeungRapper"

April 2018

Authors: Nah Jiun,
Kang Yesol
Photography: Kim Yeonje
Editing: Kim Kwangchul,
Lee Minjae
Book Design: Yu Myungsang

propaganda
61-6, Yangwha-ro 7-gil,
Mapo-gu, Seoul, Korea
T. 82-2-333-8459
F. 82-2-333-8460
www.graphicmag.kr

Printed in Korea